受益一生的百科知识

# 中国历史百科知识

### 黄　岩　范传南　李　森　编著

吉林人民出版社

**图书在版编目(CIP)数据**

中国历史百科知识 / 黄岩, 范传南, 李森编著. ——
长春: 吉林人民出版社, 2012.4
(受益一生的百科知识)
ISBN 978—7—206—08754—7

Ⅰ.①中… Ⅱ.①黄… ②范… ③李… Ⅲ.①中国历
史—通俗读物 Ⅳ.①K209

中国版本图书馆 CIP 数据核字(2012)第 071311 号

# 中国历史百科知识

ZHONGGUO LISHI BAIKE ZHISHI

编　　著:黄　岩　范传南　李　森
责任编辑:李沐薇　　　　　　　　封面设计:七　洱
吉林人民出版社出版 发行(长春市人民大街7548号　邮政编码:130022)
印　　刷:永清县晔盛亚胶印有限公司
开　　本:670mm×950mm　　1/16
印　　张:13　　　　　　　字　　数:220千字
标准书号:ISBN 978—7—206—08754—7
版　　次:2012年7月第1版　　印　　次:2023年6月第3次印刷
定　　价:45.00元

如发现印装质量问题,影响阅读,请与出版社联系调换。

目录 CONTENTS 1

# 目 录 CONTENTS 2

## 纷争鼎立的三国
## （220—280）

目录 CONTENTS 4

目录
CONTENTS

6

## 胡马弯刀下的辽、西夏、金
### (907—1234)

## 威名远播的元王朝
### (1206—1368)

## 神器更迭的明王朝
### (1368—1644)

## 盛衰荣辱的清王朝
### (1616—1911)

# 远古的传说（史前时期）

## ● 盘古开天地

传说宇宙最初混沌一团，是巨人盘古大斧一挥，劈开了天和地，然后他手撑天、脚踏地，以每天1丈的速度长高，天地的距离也随之越来越远。过了18000年，他才轰然倒下。盘古死后，他的身体化作了日月星辰、风雨雷电和草木山川。

## ● 女娲抟土造人

传说天神女娲用黄土和泥，照着神的样子捏成人形，造出了最初的人类。后来，女娲甩动蘸上泥浆的藤条，泥点掉落在地上也变成了人，大大加快了造人的速度。她还将人分成男女，教他们配成夫妻，繁衍后代。因此，女娲被尊为人类的始祖。

## ● 有巢氏构木为巢

传说有巢氏是巢居的发明者。远古时代，有巢氏教人们在大树枝杈间，构木为巢，让人们居住在树上，躲避猛兽对人类的侵袭。随时间推移，他又教会人们用灌木、木槿的树干（类似藤条，有弹性）编成篱笆，防卫居室，用坚韧结实的野草编织成厚草席帘，覆在屋顶上防风雨。

## ● 燧人氏钻燧取火

传说燧人氏是远古时期发明人工取火的人。相传远古人类"茹毛饮血"，伤害肠胃，人们多患疾病。燧人氏教人们钻燧取火，用火烤猎物的骨肉，不仅味美，也易于消化吸收，从此人们不再患腹疾。燧人氏的传说，反映了中国原始社会人类从利用和保存自然火种，进步到人工取火的漫长历史演进过程。

## ● 神农氏尝百草

传说古时候人们还不会种植粮食，而且得了病没有药医，生活十分艰苦。后来，部落首领神农氏为了去除百姓的疾苦，亲自品尝了许多种花草，一天之内曾中毒70次，最后终于找出了各种药用植物和食用植物，人们这才学会了采药治病和播种五谷。这个传说反映了远古时期农业生产的发展情况。

## ● 三皇五帝

中国在夏朝以前出现在传说中的"帝王"，是中华上古时期杰出首领的代表。三皇五帝的划分存在诸多说法，无论是按照史书的记载，还是神话传说，都认为三皇所处的年代早于五帝的年代。大致上，三皇时代距今久远，或在四五千年至七八千年以前乃至更为久远，时间跨度亦可能很大，而五帝时代则距夏朝不远，在四千多年前。

三皇，是华夏祖先处于史前各个不同文化阶段的象征。有巢、燧人、伏羲分别代表蒙昧时期的低级、中级、高级三个阶段；神农代表野蛮时代的低级阶段；女娲则是更早的创世纪式的神人，在神话中又和伏羲结合创造人类。五帝，是父系家长制的部落联盟盛期及其解体时或原始社会末期实行军事民主制时期的一些部落酋长或军事首领。

一般将燧人氏、伏羲氏、神农氏称为"三皇"，将黄帝、颛顼、帝喾、尧帝、舜帝称为"五帝"，此说法起源于春秋战国。

## ● 黄　帝

传说中华夏民族的始祖，生于姬水，故为姬姓，居轩辕之丘，故号轩辕氏。国于有熊，亦称有熊氏。

黄帝天性聪灵，情操高尚，被拥为西北方游牧部族的首领。他联合炎帝，打败由蚩尤率领的九黎族的入侵，代神农而成为部落联盟的首领，成为"黄帝"。相传，黄帝打败蚩尤后又与炎帝族在阪泉发生三次大战，黄帝统率以熊、罴、貔、貅、虎等野兽为图腾的氏族参加战斗，打败了炎帝部落，进入黄河流域。从此，黄帝部落定居中原，并很快发展起来。史书记载"黄帝之子二十五宗，其得姓者十四人，为十二姓"，说明这些部落形成了巨大的部落联盟。

历史上，尧、舜、夏、商、周，都是黄帝的后裔。黄帝后代与其他部落共同融合，形成中华民族，黄帝轩辕氏被认为是华夏族的始祖。

## ● 炎 帝

炎帝，烈山氏，号神农氏，又称赤帝，华夏始祖之一，中国远古时期部落首领。

炎帝制耒耜，种五谷。立市廛，首辟市场。治麻为布，民着衣裳。作五弦琴，以乐自姓。削木为弓，以威天下。制作陶器，改善生活。为中华民族的人文始祖。与黄帝结盟并逐渐形成了华夏族。

## ● 尧舜禅让

相传黄帝以后，在黄河流域的部落联盟出现了尧、舜、禹3个著名的首领。

尧，号陶唐氏，黄帝的五世孙，居住在西部平阳(今山西省临汾市一带)。尧当上部落联盟的首领，和大家一样住茅草屋、吃糙米饭，族人如爱"父母日月"一般拥护他。

尧在位70年后，有人推荐他的儿子丹朱继位，尧不同意。后来，尧又召开部落联盟议事会议，讨论继承人的人选问题。大家都推举虞舜，说他是个德才兼备的人物。尧很高兴，把自己的两个女儿娥皇、女英嫁给舜，并考验了3年才将帝位禅让给舜。

舜，号有虞氏，传说是颛顼的七世孙，距黄帝九世，生于诸冯(今山东省境内)。舜接位后，亲自耕田、打渔、制陶，深受大家爱戴。他通过部落联盟会议，完善了氏族管理制度，并仿照尧召开继位人选会议，民主讨论。大家推举禹来做继承人。舜死后，禹成为部落联盟的首领。

尧舜禅让的历史传说，反映了原始社会的民主制度。禅让的方式是和平、民主的推选，不是个人权利的转移。体现了"以人为本，任人唯贤"的思想，有利于部落联盟的团结，协调社会生产。

## ● 大禹治水

禹，又名文命，字高密，尧时被封为夏伯，故又称夏禹或伯。在大禹治水的过程中，留下了许多感人的事迹。相传，他借助自己发明的原始测量工具——准绳和规矩，走遍大河上下，用神斧劈开龙门和伊撅，凿通积石山和青铜峡，使河水畅通无阻。他治水居外13年，三过家门而不入，不畏艰苦，身先士卒。他是中国历史上第一位成功治理黄河水患的楷模。

春秋战国时期，关于河事的记载也逐渐增加。成书于战国时期的《禹贡》就是一本专门记述地理情况的书籍。该书以大禹治水的故事为依托，按"九州"的地理区域，对中国的山脉、河川、疆界、贡赋等做了较为详细的描述。后代人都称赞禹治水的功绩，尊称他为大禹。

## ● 《山海经》

为先秦古籍，是一部富于神话传说的最古老的地理书。它主要记述古代地理、物产、神话、巫术、宗教等，也包括古史、医药、民俗、民族等方面的内容。除此之外，《山海经》还记载了一些离奇的事件，对这些事件至今仍然存在较大的争论。

全书共18篇，约31000字。五藏山经5篇、海外经4篇、海内经5篇、大荒经4篇。其篇章结构，自具首尾，前后贯串，有纲有目，使得篇节间的关系表现得非常清楚。

该书按照地域、方位为线索将相关事物——记录。所记事物大部分由南开始，然后向西，再向北，最后记述大陆（九州）中部。九州四围被东海、西海、南海、北海所包围。

古代中国一直将《山海经》视为正史，是各代史家的必备参考书，由于该书成书年代久远，连司马迁写《史记》时也认为："至《禹本纪》，《山海经》所有怪物，余不敢言之也。"

# 祖先的印迹（史前时期）

## ● 元谋人

中国旧石器时期早期人类化石，又称元谋直立人。1965 年 5 月，发现于云南元谋县上那蚌村附近，地处元谋盆地的边缘地带。出土的早期人类化石包括两枚左右上内侧门齿，属于同一位成年人个体。元谋猿人生活的年代距今约有 170 万年，元谋发现的猿人化石、打制石器、炭屑和烧骨，以及动物化石等遗存，表明元谋猿人已经能够使用和制造工具，并通过狩猎劳动获取生存所需的食物，而且还懂得火的使用。

## ● 蓝田人

中国旧石器时期早期人类化石，简称蓝田人。蓝田猿人化石出土地点有两处，均位于陕西省蓝田县境内。陈家窝蓝田猿人生活年代距今约 53 万—65 万年。公王岭蓝田猿人生活年代距今约 67 万—98 万年。蓝田猿人头骨有鲜明的原始性质：头盖骨极为低平，额骨倾斜明显而尚无额窦。眉嵴骨十分粗壮，于眼眶上方形成一条横嵴。头骨骨壁极厚，脑容量估计约为 780 毫升。出土的石制品证明蓝田人已经能够使用多种石质打制工具。与猿人化石一同出土的有 40 余种哺乳动物化石，内有大熊猫、剑齿象、毛冠鹿、斑鹿、野猪等。由此推断，蓝田猿人所处的自然环境是秦岭北坡温暖较湿润的森林草原地区，从事采集和狩猎劳动。在公王岭出土猿人化石层中，还发现三四处灰烬和灰屑，散布范围不大，可能是蓝田人用火的遗迹。

## ● 北京人

考古发现的北京人，又称北京猿人，正式名称为"中国猿人北京种"，现在在科学上常称为"北京直立人"，生活在距今大约 70 万—20 万年前。遗址发现地位于北京市西南房山区周口店龙骨山。北京人在人类进化历程中已走过很长的路，但其外貌仍保留了不少原始性状。北京人从居住地附近的河滩、山坡上挑选石英、燧石、砂岩石块，采取以石击石的方法打制出刮削器、钻具、尖状器、雕刻器和砍斫器等工具，用来满足肢解猎物、削制木矛、砍柴取暖、挖掘块根等种种需要。北京人会使用火，大大提高了他们适应环境的能力。

北京人的发现意义重大，证明了直立人的存在，明确了人类发展的序列，为"从猿到人"的学说提供了有力的证据。1991年，北京人遗址被联合国教科文组织定为世界文化遗产。

## ● 丁村人

中国旧石器时期中期人类化石。1954年在山西襄汾丁村附近，发掘到同属一个少年的门齿二枚，臼齿一枚。齿结构具有原始特征，而齿冠和齿根较北京猿人细小，与现代黄种人比较接近。同时出土有大量石器和伴生动物化石。科学家把丁村人和广东发现的马坝人、湖北发现的长阳人都称作早期智人，生活的年代距今约10万年。

## ● 山顶洞人

猿人与大自然经过几十万年的艰苦斗争，不断进化。考古发现，在北京周口店龙骨山的山顶洞穴里活动的"山顶洞人"，已经和现代人没有区别。山顶洞人不但能够把石头打制成石斧、石锤，而且还把野兽的骨头磨制成骨针，人们用骨针把兽皮缝成衣服保暖御寒。山顶洞人过着按照血统关系固定下来的群居生活，其中每个成员都来自一位共同的祖先，彼此之间都有血缘关系。这样就形成了最早的社会结构——原始人群，这种原始人群又逐渐演变为氏族公社。

## ● 氏族社会

氏族公社是以血缘为纽带结成的社会基层单位，亦是社会经济的基本单位。产生于旧石器时期晚期，基本贯穿于新石器时期始终。氏族社会初期，以母系血缘为纽带，即母权制，称母系氏族社会。大约在新石器时期末期，逐渐过渡到以父系血缘为纽带，即父权制，称父系氏族社会。氏族内部生产资料公有，实行集体生产，劳动果实平均分配；公共事务由选举产生的氏族首领管理，遇有氏族内外的重大问题，则由氏族成员会议决定；氏族社会时期实行族外婚制，内部禁止通婚。随着金属工具的使用，社会生产力得到较快的发展，劳动效率提高，又出现剩余的劳动产品，私有制随之产生。导致氏族内部贫富分化，进而演变为对立，阶级逐渐形成，氏族亦随之解体。

## ● 母系氏族

原始社会，人们以血缘关系结成了亲族集团——氏族。最初是母系氏族，这一时期，女性在氏族公社中居于主导地位，一个母系氏族公社有一个共同的女祖先。由于全体成员只能确认各自的生母，所以成年的妇女一代一代地成为确定本氏族班辈世系的主体。成年的男子则分散到其他氏族寻求配偶，实行群婚。每个氏族公社内部，存在着按性别和年龄的不稳定分工。壮年男子担任打猎、捕鱼和保护集体安全等需要较大体力的事务，而采集食物、看守住地、烧烤食物、缝制衣物、养老育幼等繁重任务，落在妇女的肩上。她们是氏族公社原始共产制经济的主持者，又对确定氏族的血亲关系起着主导作用。母系氏族公社经历了漫长的发展过程，在全盛时期普遍形成了人口较多、规模较大的长期定居的村落。

## ● 父系氏族

母系氏族公社经历了全盛时期，社会生产力的发展日渐加速，而男子在农业、畜牧业和手工业等主要的生产部门中逐渐占据主导的地位，于是母权制自然过渡为父权制，父系氏族公社逐渐形成了。从此，以父权为中心的个体家庭成为与氏族对抗的力量，原始社会逐渐趋于解体。而男子依靠经济上的优势，在社会生产和生活中占据了统治地位。他们必然要求按照男系计算世系、继承财产，母权制的婚姻秩序被打破了，原来对偶婚制下的从妻而居的传统，为一夫一妻制所取代。在一夫一妻制下，妇女的劳动局限在家庭之内，以家务劳动和家庭副业为主，女子在家庭经济中退居于从属地位。最初，这种小家庭依附于父系大家庭。生产进一步发展后，小家庭便有了更多的独立性和自主性。氏族社会走到了瓦解的边缘。

## ● 部落联盟

部落由两个或多个血缘相近的氏族组成。每个部落有自己的活动范围、语言、习俗，也有管理内部事务的机构，到了原始社会末期，生产不断发展，氏族之间不断展开战争，一些部落就联合起来，结成了部落联盟。

## ● 半坡遗址

中国新石器时期仰韶文化聚落遗址，它位于陕西西安市东郊浐河东岸半坡村。半坡聚落所处年代距今约为6300—6800年，处于母系氏族社会的繁荣期。整个遗址平面呈南北稍长、东西稍窄的不规则圆形，分为居住区、氏族墓地、公共窑场三部分。根据居住区的布局和墓地的葬式分析，半坡聚落是一个由母系血缘为纽带而组成的氏族整体。在聚落内部，氏族成员之间的地位是平等的，共同拥有氏族的财产。半坡人生产的陶器主要用于定居后的日常生活，陶质、造型、装饰和焙烧技术，均达到相当成熟的水平。半坡聚落遗址为了解母系氏族社会生活提供了珍贵的实物资料，它也是仰韶文化的一个类型。

## ● 仰韶文化

仰韶文化遗址于1921年在河南省渑池县仰韶村首次发现，距今约5000—6000年，属于新石器文化，主要分布于黄河中下游一带，现已发现上百处遗址。仰韶文化的面貌是，经营农业，饲养家畜，烧制陶器，有定居的村落和集中的墓地。出土的红陶器上绘有几何形或动物形花纹，是仰韶文化最明显的特征。

## ● 大汶口文化

大汶口文化遗址最早发现于山东泰安市大汶口村。年代约为公元前4300—前2500年，是中国新石器时代晚期的文化典型。大汶口文化的遗存十分丰富。经考古发现有墓葬、房址、窖坑等，墓葬以仰卧伸直葬为主，有普遍随葬獐牙的风习，有的还随葬猪头、猪骨以象征财富。出土生活用具主要有鼎、豆、壶、罐、钵、盘、杯等器皿，分为彩陶、红陶、白陶、灰陶、黑陶几种，特别是彩陶器皿，花纹精细匀称，几何形图案规整。生产工具有磨制精致的石斧、石锛、石凿和磨制骨器，骨针磨制十分精细，体现了极高的制作技术。大汶口文化的发现为山东地区的龙山文化找到了渊源，也是研究父系氏族时期社会状况的重要文化遗存。

## ● 河姆渡文化

河姆渡文化发现于浙江余姚的河姆渡镇，它是长江下游以南的一种较早的新石器时代母系氏族文化。河姆渡文化的社会经济是以稻作农业为主，兼营畜牧、采集和渔猎。在河姆渡文化遗址中发现了大量的稻谷、谷壳等遗存，其时间约在 7000 年以前，还有其他大量动植物的遗存，这证明当时的社会经济已经比较活跃。这一时期人们的居住地已经形成大小各异的村落。在村落遗址中有许多房屋建筑基址，其建筑形式和结构与中原地区和长江中游地区发现的史前房屋有着明显的不同。其生活用器以陶器为主，陶盆上印有稻穗的图案，此外还有少量的木器。

## ● 良渚文化

良渚文化发现于浙江余杭良渚镇，是长江下游地区的新石器文化，距今约 5200—4000 年，主要分布在环太湖地区。良渚文化在农业、纺织、制玉和制陶等方面均取得了很高的成就。这一时期的农业已经相当发达，并且开辟了养蚕和生产丝织品的新领域。良渚文化的陶器以黑陶为主，三足器十分普遍。墓葬中时常可以见到玉制品随葬，显示出贫富分化的迹象。

## ● 红山文化

红山文化遗址主要分布在内蒙古东南部、辽宁西部和河北北部，年代约为公元前 4000—3000 年。红山文化的居民主要从事农业，还饲养猪、牛、羊等家畜。红山文化陶器的最大特色是外壁刻有一些"之"字形纹和直线纹。此外，玉雕工艺水平也相当高。

## ● 龙山文化

龙山文化遗址发现于山东章丘龙山镇的城子崖，它分布于黄河中下游山东、河南一带，属新石器时期晚期的一种文化，故学术界将以后在此附近发掘得到的同类型遗存统称为龙山文化。龙山文化的石器已很精致，出现了石镰、蚌镰，陶器开始用轮制，畜牧业相当发达。龙山文化经测定其年代约为公元前 2800—2300 年，属父系氏族公社时期。

# 风云变幻的夏商周

## （约公元前2070—前771）

## 夏朝(约公元前2070—前1600)

### ● 夏启即位

由于禹在治水中的功绩，提高了部落联盟首领的威信和权力。到禹年老的时候，按照惯例要选举新的首领，众人一致推举皋陶，但皋陶不久就病死了。于是，大家推举当年治水有功的伯益。伯益模仿当年大禹的做法谦让起来，假意让位给禹的儿子启，启遂堂而皇之地登上了王位。于是，伯益率兵来攻打启，启早就做好了准备，并将伯益击败。启的即位，破坏了禅让制，引起其他氏族首领的反对，但最终都被他镇压了下去。通过部落之间的战争，启不但保住了王位而且巩固了统治，领地也不断扩大，各地部落首领纷纷臣服，启成了一位名副其实的君王。部落联盟时期的选举制度被彻底废除掉，取而代之的是王族世袭制。启建国后，划分天下为"九州"，委派亲信为"九牧"来管理"九州"。启建立了军队，设置了管理国家的各种机构，并且开始征收赋税。这样，我国历史上第一个奴隶制王朝——夏建立了。

### ● 少康中兴

中国史上首个出现"中兴"二字的时代。少康是中国夏朝的第六代王。第二代夏王太康被东夷有穷氏（今山东西部）后羿所伐，取代了夏政权。后来，后羿的宠臣寒浞发动政变，血洗后羿一族。太康抑郁而终，其弟仲康继位成第三代夏王，寒浞对太康一族穷追不舍。于是，仲康逃难时死，儿子相也被杀害。相的妻子是有仍国（今山东济南）诸侯的女儿后缗氏，逃回有仍国后生下了少康。

少康成人后被寒浞之子浇追杀，便投奔有虞氏。有虞氏国君见少康年轻有为，就把自己的两个女儿嫁给他，为他修建了纶邑（今禹州顺店康城）让他居住。纶邑西有嵩山，北有具茨，南临颍水，土地肥沃，气候宜人，有田一成（方10里），有众一旅（500人）。少康便以纶邑为根据地，抚恤招纳夏朝遗民旧部，发展生产，积蓄力量。在虞国诸侯伯思的相助下，少康重新夺回夏朝的政权，重登天子之位。在位期间，少康"坐钧台而朝诸侯"，勤政爱民，重视农业水利，史称少康中兴。

### ● 《夏小正》

为中国现存最早的科学文献之一，也是中国现存最早的一部农事历书，原为《大戴礼记》中的第47篇。《夏小正》原文收入《大戴礼记》中，在唐宋时期散佚。现存的版本为宋朝傅嵩卿所著。《夏小正》因原稿散佚与成形之问题，成稿年代争论很大。一般认为，其最迟成书在春秋时期。据《史记·夏本纪》载："太史公曰：孔子正夏时，学者多传《夏小正》云。"故人们认为是孔丘及其门生考察后所记载下的农事历书，所收录之有关夏朝的也多是物候等文化讯息。

# 商朝（约公元前1600—前1046）

### ● 商汤灭夏

商朝是我国历史上第二个奴隶制王朝，其建立者就是商汤。商原是夏朝东部一个以燕子为图腾的部落。当商汤为部族首领时，刚好处在夏朝最后一个国君桀统治时期。夏桀腐朽暴虐、不修国政、骄侈淫逸、统治黑暗。面对夏桀的暴政，商汤采取宽以待民的政治策略，为消灭夏做积极的准备，并于公元前1600年领导了灭夏战争。商汤灭夏后，建都于西亳（今河南省偃师市伊洛河北岸），自称武王，进一步营建奴隶制国家。

### ● 伊尹为相

伊尹，商初大臣，尹为官名。出仕前，曾在"有莘之野"躬耕务农。传说他为了见到商汤，遂使自己作为有莘氏女的陪嫁之臣，后为成汤重用，委以国政，助汤灭夏。

商汤死后，历佐卜丙（即外丙）、仲壬二王。商汤之孙太甲为帝时，因不遵汤规，横行无道，被伊尹放之于桐宫，令其悔过并重新学习汤的法令。伊尹为商朝三朝元老，理政安民50余载，治国有方，世称贤相。

## ● 盘庚迁殷

商汤建立商朝的时候，最早的国都在亳。当王位传到盘庚时，都城一共搬迁了5次，这是因为王族内部经常争夺王位，发生内乱，且黄河下游常患水灾。盘庚是位有为的君主，他为了改变当时社会不安定的局面，决心再一次迁都。盘庚面对强大的反对势力，并没有动摇迁都的决心。在挫败反对势力后，终于搬迁到殷（今河南安阳小屯村）。在那里，盘庚整顿吏治，使衰落的商朝出现了复兴的局面，并一直定都于此200余年，所以商朝又称殷商或殷朝。

## ● 武丁中兴

盘庚把都城迁至殷以后，商朝的政治、经济和文化都有很大的进步，武丁临政时达到最强盛时期，于是不断征战四方。鬼方、工方、土方、西羌等部落领地先后归入商朝版图。传说，武丁曾率商族武士，深入荆楚艰险之地，经过交战，将商朝南方最强大的方国——荆楚、大彭、豕韦打败。从此，江汉流域也成为商朝版图的一部分。随着战争的不断胜利，商王朝的势力在西、北、东、南急速扩张，达到商代的最高峰，史称武丁中兴。

## ● 甲骨文

是中国已发现的古代文字中时代最早、体系较为完整的文字。甲骨文主要指殷墟甲骨文，又称为"殷墟文字""殷契"，是殷商时期刻在龟甲兽骨上的文字，是中国商代后期（公元前14—前11世纪）王室用于占卜记事而刻（或写）在龟甲和兽骨上的文字。主要特点是：在字的构造方面，有些象形字只注重突出实物的特征，而笔画多少、正反向背却不统一；一些会意字，只求偏旁汇合起来含义明确，而不要求固定，因此异体字非常多，有的一个字可有十几个甚至几十个写法；甲骨文的形体，往往是以所表示实物的繁简决定大小，因为字是用刀刻在兽骨上，所以笔画较细，方笔居多。甲骨文长短大小均无一定式，或是疏疏落落、参差错综，或是密密层层、严整庄重，故能显出古朴多姿的无限情趣。

## ● 司母戊鼎

中国商代后期（约公元前16—前11世纪）王室祭祀用的青铜方鼎。1939年3月19日，在河南省安阳市武官村一片农地中出土，因其腹部铸有"司母戊"三字而得名，是商朝青铜器的代表作。此鼎器型高大厚重，形制雄伟，气势宏大，纹势华丽，工艺高超，又称司母戊大方鼎，重达875公斤，高133厘米、口长110厘米、口宽79厘米，鼎腹长方形，上竖两只直耳（发现时仅剩一耳，另一耳是后来据另一耳复制补上的），下有四根圆柱形鼎足，是目前世界上发现的最大的青铜器，充分显示出商代青铜铸造业的生产规模和技术水平。

# 西周（约公元前1046—前771）

## ● 武王伐纣

商汤所建立的商王朝，历经初兴、中衰、复振、全盛、寝弱诸阶段后，至商纣王（帝辛）即位时期，已面临全面危机。在纣王的统治下，殷商王朝政治腐败、刑罚酷虐，连年对外用兵，民众负担沉重，痛苦不堪；贵族内部矛盾重重，分崩离析，从而导致了整个社会动荡不安。而西方属国——周，由于行征伐之权，国势迅速强大。周文王任用贤士，修德以倾商政，积极开展伐纣灭商的大业。在完成翦商大业前夕周文王逝世，其子姬发继位，是为周武王。他即位后，继承乃父遗志，遵循既定的战略方针，与诸侯结盟。

在部分反商部族的带领下，武王进军到距离商纣王所居的朝歌只有70里的牧野（今河南淇县西南），举行了誓师大会，列数纣王罪状，鼓励军队同纣王决战，并一战功成。随后，武王分兵四出，征伐商朝各地诸侯，肃清殷商残余势力，商朝灭亡。

## ● 牧野之战

商周之际，周武王在吕尚（姜子牙）等人辅佐下，率军直捣商都朝歌（今河南淇县），在牧野（今河南淇县西南）大破商军、灭亡商朝的一次战略决战。

由于商纣饰过拒谏，肆意妄为，残杀王族重臣比干、囚禁箕子、逼走微子，导致统治集团内部矛盾白炽化。周武王、吕尚等人遂把握这一有利战机，决定乘虚蹈隙，大举伐纣，一战而胜。

公元前1346年（一说为前1357年）正月，武王统率兵车300乘、虎贲3000人、甲士45000人、浩浩荡荡东进伐商，直指朝歌。周军在牧野布阵完毕，庄严誓师，史称"牧誓"。武王尽数纣王诸多罪行，激起从征将士的斗志。接着，武王又郑重宣布作战要求：每前进六七步，就要停止取齐，以保持队形；每击刺四五次或六七次，也要停止取齐，以稳住阵脚；严申不准杀害降者，以瓦解商军。武王先让吕尚率领一部分精锐牵制迷惑敌人，并打乱其阵脚。由于商军中的奴隶和战俘心向武王，"皆倒兵以战，以开武王"。武王乘势以"大卒（主力）冲驰帝纣师"，猛烈冲杀敌军。商军十几万之众顷刻土崩瓦解。纣王见大势已去，仓皇逃回朝歌，登上鹿台自焚而死。周军乘胜进击，攻占朝歌，商朝灭亡。

牧野之战是中国古代车战初期的著名战例，它终止了殷商王朝的600年统治，确立了周王朝对中原地区的统治秩序，为西周礼乐文明的全面兴盛开辟了道路，对后世历史的发展产生了深远的影响。其所体现的谋略和作战艺术，也对古代军事思想的发展具有不可低估的意义，是中国历史上的一次正义之战。

### ● 国人暴动

公元前844年，周厉王任用荣夷公为卿士，实行"专利政策"——垄断山林川泽的收益，霸占湖泊、河流等一切天然资源，不准人们利用这些谋生。同时，又命令卫巫"监谤"，禁止国人谈论国事，违者杀。当时，国人有参与议论国事的权利，甚至对国君废立、贵族争端仲裁等事宜也有相当的权利，同时还有服役和纳军赋的义务。国人在高压政策下，"道路以目"。召公谏厉王，但监谤更甚，国人忍无可忍，于公元前841年举行暴动，攻入王宫，周厉王仓皇逃奔，这直接导致周王室的衰微。

### ● 周文王

商朝末年西方诸侯之长。姬姓，名昌。周太王之孙，季历之子。商纣时为西伯，即西部诸侯（方国）之长，亦称西伯昌，但未及出师便先期死去，周人谥西伯为文王。

周文王在位50年，勤于政事，重视发展农业生产，礼贤下士，广罗人才，拜姜尚为军师，问以军国大计，使"天下三分，其二归周"，是位很有作为的创业君主，最为主要的功绩是为灭商做好了充分的准备。周文王是中国历史上是一位明君圣人，被后世历代称颂敬仰，《诗经·大雅》中亦有颂诗。

## ● 周武王

周文王次子，姬姓，名发，谥号武王，西周的创建者。他继承父亲遗志，于公元前11世纪消灭殷商王朝，夺取全国政权，建立了西周王朝，表现出卓越的军事、政治才能，成为中国历史上一代名君。周武王有着广阔的心胸和长远的眼光，同时有着果断处事的能力，在看到商朝的无道后，他打出了为民请命、替天行道的旗号来获得族众的拥护，从而大大扩大了自己的实力和影响力。在伐纣商纣的过程中，他以大无畏的精神亲自率领兵马直捣朝歌。同时，周武王有着很杰出的个人魅力，他也因此受到人们的爱戴，这也是他获得人们支持的一个重要原因。

## ● 姜 尚

姜姓，吕氏，名尚，别名望，字子牙，尊称太公望，周武王尊其为"师尚父"。姜尚曾以垂钓、卖食、屠牛、卖卜为生，虽半生寒微，但能动心忍性，终遇明主，辅佐文王，修德振武，以求兴周。武王伐纣，姜尚为军师，牧野大战，灭商盛周。周初分封，姜尚被封为齐国君主，治国有方，为齐桓公"九合诸侯，一匡天下"奠定了基础。姜尚亦是齐文化的创始人，历代典籍均公认其历史地位，儒、道、法、兵、纵横诸家皆追其为本家人物，被尊为"百家宗师"。

## ● 井田制

中国古代社会的土地国有制度，商代有文字记载，西周时盛行。那时，道路和渠道纵横交错，把土地分隔成方块，形状像"井"字，因此称作"井田"。井田属周王所有，分配给庶民使用。领主不得买卖和转让井田，还要交一定的贡赋。领主强迫庶民集体耕种井田，周边为私田，中间为公田。井田制是商周时期占主导地位的一种土地制度，其保留有原始社会公有制下农村公社对土地管理的某些形式，但性质已是一种奴隶制下的土地剥削制度，其实质是一种土地私有制度。

## ● 分封制

中国古代帝王分封诸侯的制度。周朝时期，曾分封同姓和功臣为诸侯，以为藩屏，是周王室把疆域土地划分为诸侯的社会制度。在分封制下，国家土地不完全是周王室的，而是由获得封地的诸侯所有，他们拥有分封土地的所有资源和收益，只需向周王室定期朝贡和提供军赋、力役等义务即可。春秋时期，随着井田制的瓦解和争霸战争的发展，周朝王室衰微，分封制开始破坏。秦始皇统一中国后，取消分封制。

## ● 宗法制

是按照血统远近以区别亲疏的制度。早在原始氏族时期宗法制就有所萌发，但作为一种维系贵族间关系的完整制度的形成和出现，则是在周朝完成的。特点是：嫡长子继承制度；严格的大宗、小宗体系；血缘关系与政治关系的结合。实质是：根据血缘的亲疏，确立起一套土地、财产和政治地位的分配与继承制度。作用是：凝聚宗族，防止内部纷争，强化王权，把"国"和"家"密切结合，维护王权的稳定，保障贵族的特权；与分封制互为表里，建立封建等级政治结构。在宗法制度下，"天子建国，诸侯立家，卿置侧室，大夫有贰宗，士有隶子弟"（《左传》桓公二年），形成了系统而完整的制度。

## ● 世卿世禄制

卿是古代高级官吏的称呼。世卿就是天子或诸侯国君之下的贵族，世世代代、父死子继，连任卿这样高级别的官位。禄是官吏所得的享受财物。世禄就是官吏们世世代代、父死子继，享有所封的土地及其赋税收入。世袭卿位和禄田的制度在古代曾十分盛行，但是这种制度开始出现于何时，它是怎样形成的，学术界对此说法不一。

## ● 周　礼

儒家经典，为西周时期著名政治家、思想家、文学家、军事家周公旦所著。从其思想内容分析，说明儒家思想发展到战国后期，融合道、法、阴阳等家思想，与春秋孔子时思想发生极大变化。《周礼》所涉及之内容极为丰富，大至天下九州、天文历象，小至沟渠道路、草木虫鱼。凡邦国建制、政法文教、礼乐兵刑、赋税度支、膳食衣饰、寝庙车马、农商医卜、工艺制作，各种名物、典章、制度，无所不包，堪称上古文化史之宝库。

## ● 《周易》

中国一部古老而又灿烂的文化瑰宝，古人用其来预测未来、决策国家大事、反映当前现象，上测天、下测地、中测人事。然而，这只是古人在未掌握科学方法之前所依托的一种手段，并不是真正的科学，只能当其是一种文化。《周易》经部文字说明的内容就是对六十四卦系中部分易卦的象征意义的解释。秦汉以后的易学对此都存在错误或者模糊的认识。

# 群雄争起的春秋战国

## （约公元前770—前221）

## 春秋（约公元前770—前476）

### ● 平王东迁

西周末年，周幽王立宠姜褒姒为后，以其子伯服为嗣，废申后行业太子宜臼。周幽王十一年（公元前771）宜臼逃至申国母舅家，申侯遂联合缯国和犬戎伐周，在周平王元年（公元前770），杀幽王、伯服于骊山下，西周覆灭。申侯、鲁侯、许文公等诸侯拥立宜臼为王，是为平王。次年，因镐京及王畿遭战争破坏，平王得晋、郑、秦和其他诸侯之助，遂东迁于雒邑（今洛阳），以避戎寇，重建周王朝，为东周之始。

### ● 春秋五霸

公元前770—前476年，历史上称为春秋时期。在这290多年间，各诸侯国风雷激荡，烽烟四起，互相攻伐，争夺霸权。仅据鲁史《春秋》记载的军事行动就有480余次。司马迁认为，春秋之中，"弑君三十六，亡国五十二，诸侯奔走不得保其社稷者，不可胜数"。

春秋时期，周天子失去了往日的权威，反而要依附于强大的诸侯。这些强大的诸侯国为了争做霸主互相征战，先后称霸的5个诸侯被称为"春秋五霸"。他们是：齐桓公、宋襄公、晋文公、秦穆公、楚庄王。（见《白虎通·号篇》）

### ● 齐桓公伐楚

正当楚国气势逼人、北进称雄之际，作为中原各诸侯国盟主的齐国，为了应对楚国咄咄逼人的攻势，于公元前656年由齐桓公率领齐、宋、卫、陈、鲁、郑、许、曹等诸国军队南下伐楚，直抵楚国边境。管仲以楚国不向周天子进贡、周昭王南巡之死为由向楚国使者问难，而楚使者只承认不纳贡之罪。面对不屈服的楚使，齐国便答应在召陵与屈完签订盟约修好。由此可见，齐楚两诸侯国当时力量相当。

## ● 秦穆公称霸西戎

秦国僻处西陲，有许多戎狄的部落和小国常常突袭秦的边地，抢掠粮食、牲畜，给秦人造成很大的损失。秦穆公三十七年（公元前623），率秦军出征西戎，采取先强后弱、次第征服的策略，以迅雷不及掩耳之势，包围了绵诸，在酒樽之下活捉了绵诸王。秦穆公乘胜前进，20多个戎狄小国先后归服了秦国。秦国辟地千里，国界南至秦岭，西达狄道（今甘肃临洮），北抵朐衍戎（今宁夏盐池），东到黄河，史称"秦穆公霸西戎"。

## ● 楚庄王问鼎中原

公元前606年，楚庄王将大军开至东周的首府洛阳南郊，举行盛大的阅兵仪式。即位不久的周定王忐忑不安，派王孙满去慰劳。楚庄王见了王孙满，问道："周天子的鼎有多大？有多重？"言外之意，要与周天子比权量力。王孙满委婉地说："一个国家的兴亡在德义的有无，不在乎鼎的大小轻重。"楚庄王见状便直接说道："你不要自恃有九鼎，楚国折下戟钩的锋刃足以铸成九鼎。"面对雄视北方的楚庄王，王孙满绕开话锋，而大谈九鼎制作的年代和传承的经过，最后才说："周室虽然衰微，但天命未改，宝鼎的轻重还不能过问。"楚庄王不再强求，便挥师伐郑，以问郑背叛楚国投靠晋国之罪。从此以后，人们将企图夺取政权、称霸天下称为"问鼎中原"。

## ● 长勺之战

自公元前770年周平王东迁洛邑起，中国历史便进入了诸侯兼并、大国争霸的春秋时期。齐国和鲁国都是西周初年分封的重要诸侯国，互相毗邻，在当时的动荡局面下，不免发生各种矛盾，而冲突的激化，势必造成两国兵戎相见的结果。

公元前684年，齐桓公派兵攻鲁。当时齐强鲁弱。两军在长勺（今山东莱芜东北）相遇。鲁军按兵不动，齐军三次击鼓发动进攻，均未奏效，士气低落。鲁军一鼓作气，大败齐军，后乘胜追击，直逼齐国国都。齐鲁长勺之战，既没有武王伐纣的气势，也没有宣王南征的规模，是一次诸侯间规模不大的战争，但它却在政略、战略和策略上体现出古代军事辩证法思想，给人们以启迪。这次战争充分说明即便是在冷兵器时代，最后的胜利也总是属于正义之师。

## ● 城濮之战

公元前632年，为争夺中原霸权，晋军在城濮（今山东鄄城西南）大败楚军，首开"兵者诡道也"的先河。晋国胥臣奉命迎战楚国联军——陈、蔡两国的军队。陈、蔡军队的兵马多，来势凶猛。胥臣为战胜敌人，以树上开花之计，用虎皮蒙马震慑敌人。进攻时，晋军一匹匹蒙着虎皮的战马冲向敌阵，陈、蔡军队的战马和士卒以为是真老虎冲过来了，吓得纷纷后退。胥臣乘胜追击，打败了陈、蔡军队。

城濮之战后，晋文公在践土（今河南郑州西北）朝觐周王，进献楚国俘虏四马兵车100乘及步兵1000名。周襄王正式命晋文公为侯伯。晋国终于实现了"取威定霸"的政治、军事目标。

## ● 崤之战

春秋中期，秦穆公即位后国势日盛，已有图霸中原之意，但东出道路被晋所阻。周襄王二十四年（公元前628）秦穆公得知郑、晋两国国君新丧，执意越过晋境偷袭郑国。次年春（公元前627），秦军顺利通过崤山隘道（今河南省三门峡市陕州区东），越过晋军南境。晋襄公为维护霸业，决心打击秦国。为不惊动秦军，晋襄公待其回师时率军在崤山险地设伏，全歼秦军。

## ● 吴越争霸

春秋中期晋楚争霸时，吴国国力日渐强大。吴王阖闾采纳楚国逃亡之臣伍子胥的建议，向楚国发动了连续的进攻，五战五胜。公元前496年，越王勾践即位，吴王阖闾攻打越国大败，阖闾受伤而死，其子夫差继位，立志为父复仇。公元前494年，吴国打败了越国，乘胜北上征服中原诸国。越国降吴后，越王勾践卧薪尝胆，进行了长期的复仇准备。公元前482年，吴国北上会盟，内部空虚，越国乘机大举伐吴，经过近10年的激烈战争，最终打败了吴国，吴王夫差自尽，越国乘机北上会盟诸侯，号称霸主。吴越争霸是春秋争霸的尾声，战国七雄混战的局面即将来临。

## ● 管　仲

名夷吾，又名敬仲，字仲，谥号敬，史称管子。齐国颍上（今安徽颍上）人，周穆王的后代。春秋时期齐国著名的政治家、军事家。管仲少时丧父，生活贫苦，为维持生计，与鲍叔牙合伙经商后从军。至齐国，几经曲折，经鲍叔牙力荐，为齐国上卿（即丞相），被称为"春秋第一相"，辅佐齐桓公成为春秋时期的第一霸主，所以又为"管夷吾举于士"。管仲的言论见《国语·齐语》，另有《管子》一书传世。

## ● 儒　家

中国古代最有影响的学派。作为华夏固有价值系统的一种表现的儒家，并非通常意义上的学术或学派。一般来说，特别是先秦时，儒家学派也只是诸子之一，与其他诸子一样地位本无所谓主从关系。

儒家是春秋时期百家争鸣中出现的一个重要学派，其创立者是伟大的思想家、教育家孔子，后经思想家、文学家孟子加以发展。儒家思想的核心是"仁"。孔子在政治上主张恢复西周的礼制，在教育上创办私学，提倡有教无类，注重因材施教，讲求"不愤不启，不悱不发"；孟子主张君王应行"仁政"，这样才能使天下归心。

儒家思想在春秋战国时期受到许多统治者的尊重，但在当时动荡的社会形势下，诸侯之间各为己利而崇尚武力，儒家的德政很难得以施行。汉以后，儒家思想被尊为封建社会的正统思想。

## ● 道　家

春秋战国时期百家争鸣中形成的一个思想派别。道家的思想崇尚自然，有辩证法的因素和无神论的倾向，同时主张清净无为，反对斗争。

道家思想的核心是"道"，认为"道"，是宇宙的本源，也是统治宇宙中一切运动的法则。其创立者是著名思想家老子（李耳），主要代表人物是著名思想家庄子（庄周）。后来，道家又与名家、法家合流，又兼取阴阳家、儒家、墨家的长处而形成了黄老学派，主张以虚无为本，以因循为用，因时因物，无为而无不为。汉武帝独尊儒术，黄老之学开始衰落，然而，道家思想仍然影响着中国传统思想文化。

## ● 扁 鹊

原名秦越人，又号卢医，春秋战国时期的名医。由于其医术精湛，人们用传说中上古轩辕时代的名医扁鹊的名字来称呼他。

扁鹊是中国传统医学的鼻祖，对中医药学的发展有着特殊的贡献。扁鹊有丰富的医疗实践经验，反对巫术治病，总结前人经验，创立望、闻、问、切的四诊法。他遍游各地行医，擅长各科，在赵国为"带下医"（妇科），至周国为"耳目痹医"（五官科），入秦国则为"小儿医"（儿科），医名甚著。后因医治秦武王病，被秦国太医令李醯妒忌杀害。扁鹊著作有《内经》和《外经》，但均已失佚。

## ● 晏 婴

字仲，谥平，习惯上多称平仲，又称晏子。春秋后期一位重要的政治家、思想家、外交家。晏婴以生活节俭，谦恭下士著称。据说，晏婴身材不高，其貌不扬，但机灵多智，能言善辩，内辅国政，屡谏齐王。晏婴为上大夫，辅佐齐灵公、庄公、景公三朝，长达50余年。对外他既富有灵活性，又坚持原则性，出使不受辱，捍卫了齐国的国格和国威。司马迁非常推崇晏婴，将其比为管仲。

## ● 《晏子春秋》

是一部记叙春秋时期齐国晏婴的思想、言行、事迹的书籍，也是中国最早的一部短篇小说集。相传为晏婴撰，现在一般认为是后人集其言行轶事而成。书名始见于《史记·管晏列传》。《汉书·艺文志》称《晏子》，列在儒家类。全书共8卷，215章，分内、外篇，语言简练、情节生动，描绘了晏婴的生动形象，具有较高的艺术性。书中寓言多以晏子为中心人物，情节完整，主题集中，讽喻性强，对后世寓言有较大的影响。

## ● 左丘明

（一说复姓左丘，名明；一说姓丘，名明），春秋末期鲁国人。左丘明博览天文、地理、文学、历史等大量古籍，学识渊博。任鲁国左史官，在任时尽职尽责，德才兼备，为时人所崇拜。孔子曾说："巧言、令色、足恭，左丘明耻之，丘亦耻之。匿怨而友其人，左丘明耻之，丘亦耻之。"左丘明亦编修国史，日夜操劳，历时 30 余年，终将一部纵贯 200 余年、18 万余字的《左氏春秋》定稿。

● 《左传》

原名《左氏春秋》，相传为春秋末期鲁国史官左丘明所作。《左传》是中国第一部叙事详细、体系完整的编年史。是研究中国春秋社会的重要历史文献。书中比较全面地记述了春秋时期各主要诸侯国在政治、经济、军事和文化等方面所发生的事件，比较客观地反映了各诸侯国之间、各诸侯国内部统治集团之间的斗争以及劳动人民与统治者之间的斗争。书中主张"重人事、轻天命"，提出"社稷无常俸，君臣无常位"的进步历史观。另一方面，书中表示维护"君义、臣行、父慈、子孝"等剥削阶级伦常观念，对于统治阶级内部的革新措施和劳动人民的反抗活动予以否定和诬蔑，表现了它的局限性。

● 孙 武

后人尊称其为孙子、孙武子、兵圣、百世兵家之师、东方兵学的鼻祖。中国古代著名军事家。著有巨作《孙子兵法》，并为后世兵法家所推崇。所著《十三篇》是中国最早的兵法，被誉为"兵学圣典"，置于《武经七书》之首。

● 《孙子兵法》

又称《孙武兵法》《吴孙子兵法》《孙子兵书》《孙武兵书》，为春秋末年的齐国人孙武所著，是中国古代流传下来的最早、最完整、最著名的军事著作，在中国军事史上占有重要的地位，其军事思想对中国历代军事家、政治家、思想家产生非常深远的影响，是中国优秀文化传统的重要组成部分。其内容博大精深，逻辑缜密严谨，有丰富的辩证法思想，书中探讨了与战争有关的一系列矛盾的对立和转化，如：敌我、主客、众寡、强弱、攻守、胜败、利害等概念。

● 《论语》

儒家学派的经典著作之一，由孔子的弟子及其再传弟子编撰而成。它以语录体和对话文体为主，记录了孔子及其弟子的言行，集中体现了孔子的政治主张、论理思想、道德观念及教育原则，与《大学》《中庸》

《孟子》《诗》《书》《礼》《易》《春秋》，并称"四书五经"。通行本《论语》共20篇。《论语》的语言简洁精炼、寓意深刻，其中有许多言论至今仍被世人视为至理箴言。

### ● 《春秋》

儒家经典之一，编年体春秋史。相传由孔子据鲁国史官所编《春秋》加以整理修订而成，记载公元前722—前481年，共242年间的史事，是中国最早的编年体史书。这部史书中记载的时间跨度与构成一个历史阶段的春秋时期大体相当，所以后人将这一历史阶段称为春秋时期，指的是从公元前770年—前476年，基本上是东周的前半期。

### ● 侯马盟书

春秋晚期晋定公十五年至二十三年（公元前497—前489），晋国世卿赵鞅同卿大夫间举行盟誓的约信文书。当时的诸侯和卿大夫为了巩固内部团结，打击敌对势力，经常举行盟誓活动。盟书一式二份，一份藏在盟府，一份埋于地下或沉在河里，以取信于神鬼。侯马盟书是用毛笔将盟辞书写在玉石片上，字迹一般为朱红色，少数为黑色，字体近于春秋晚期的铜器铭文。它的发现对研究中国古代盟誓制度、古文字以及晋国历史有重大意义。

### ● 礼崩乐坏

是对东周时期典章制度逐渐被废弃的一种形象描述。在春秋中后期，由于生产力的发展导致在经济基础、上层建筑领域出现了与周礼要求不相符的局面，具体表现在势力强大的诸侯开始变王田为私田，变分封制为郡县制，政权不断下移，并纷纷制定自己的法律，这些都反映了奴隶社会走向解体。

### ● 退避三舍

春秋时期，晋献公听信谗言，杀了太子申生，又派人捉拿申生的异母兄长重耳。重耳闻讯，逃出了晋国，在外流亡19年。重耳来到楚国。楚成王认为重耳日后必有大作为，就以国君之礼相迎。一天，楚王设宴招待重耳问道："若能回晋国当上国君，该怎么报答我？"重耳略一思索说："若能回国当政，愿与贵国友好。若晋楚国相争，定命军队先退避三舍（古时行军计程以30里为一舍），若还不能得到您的原谅，再与您交战。"4年后，重耳真的回到晋国当了国君，就是历史上有名的晋文公。公元前633年，楚军与晋军相遇。晋文公为了实现他许下的诺言，下令军队后退90里，驻扎在城濮。楚军见晋军后退，马上追击。晋军则利用楚军骄傲轻敌的弱点，集中兵力，大破楚军，取得了城濮之战的胜利。

## ● 高山流水

最先出自《列子·汤问》。相传，先秦的琴师伯牙一次在荒山野地弹琴，樵夫钟子期竟能领会其描绘"巍巍乎志在高山"和"洋洋乎志在流水"之意。伯牙惊道："子之心而与吾心同。"钟子期死后，伯牙痛失知音，摔琴绝弦，终身不操，故有高山流水之曲。后用高山流水比喻知音或知己。

# 战国（约公元前476—前221）

## ● 战国七雄

历史上东周战国时期7个最强的诸侯国的统称。春秋时期，无数次的争战使诸侯国的数量大大减少，到战国时期实力最强的7个诸侯国分别是齐、楚、燕、韩、赵、魏、秦，因此这7个国家被史家称为战国七雄。

战国末期，秦国越来越强大，各诸侯国贵族为了对付秦国的入侵和挽救本国的危亡，竭力招致人才。他们礼贤下士，广招宾客，以扩大自己的势力，因此养"士"（包括学士、策士、方士或术士以及食客）之风盛行。当时，以养"士"著称的有魏国的信陵君、齐国的孟尝君、赵国的平原君、楚国的春申君。因其四人都是王公贵族（一般是诸侯君王的后代），所以后人尊称他们为"战国四公子"。

## ● 胡服骑射

战国时，赵武灵王采用西方和北方民族的服饰，教人民学习骑射，史称"胡服骑射"。其形制是：上褶下裤，有貂蝉为饰的冠，金钩为饰的具带，足穿靴，便于骑射。此服通行后，其冠服带履之制，历代有变革。

## ● 吴起变法

战国初期，楚国民不聊生，饿殍遍野，而此时北方三晋正在兴起，对楚步步进逼。在楚国内忧外困之时，中原的政治家吴起从魏国来到楚国。公元前382年，楚悼王任命吴起为令尹，主持变法，旨在富国强兵。吴起以战略家的眼光，向南扩展疆域，江南遂归入楚国势力范围，国力日渐强盛。然而，吴起变法又是一次打击世袭贵族政治经济特权的运动，遭到大贵族的激烈反对。吴起变法虽然失败，但变法却在楚国贵族政治中激起了巨大的波澜，其所采取的各项措施在楚国的政治生活留下了深刻的影响，促进了楚国贵族政治向官僚政治的转化。

## ● 商鞅变法

春秋战国时期是奴隶制崩溃、封建制确立的大变革时期，这一时期，铁制农具的使用和牛耕的逐步推广，导致奴隶主的土地国有制逐步被封建土地私有制代替。随着封建经济的发展，新兴地主阶级的经济和政治势力越来越大，并要求在政治上进行改革，发展封建经济，建立地主阶级统治，各国变法运动此起彼伏。

此时的秦国已使用铁制农具，社会经济发展较快，这不仅加速了井田制的瓦解和土地私有制的产生过程，而且还引起社会秩序的变动。秦孝公即位以后，决心彻底改革，便下令招贤。商鞅自卫国入秦，秦孝公任他为左庶长，开始变法。

经济上：废井田、开阡陌，重农抑商、奖励耕战，统一度量衡；政治上：励军功、实行二十等爵制，除世卿世禄制、鼓励宗室贵族建立军功，改革户籍制度、实行连坐法，推行县制，定秦律、"燔诗书而明法令"，废除了旧的制度，促进了农业生产，提高了军队战斗力，使秦国成为战国后期最富强的诸侯国，为以后兼并六国、统一中国打下了坚实的基础。

## ● 合纵连横

简称纵横，战国时期纵横家所宣扬并推行的外交和军事政策，实质是战国时期的各诸侯国为拉拢对方而进行的外交、军事斗争。合纵就是南北纵列的国家联合起来，共同对付强国，阻止齐、秦两国兼并弱国；连横就是秦或齐拉拢一些国家，共同进攻另外一些国家。合纵的目的在于联合许多弱国抵抗一个强国，以防止强国的兼并。连横的目的在于事奉一个强国以为靠山，从而进攻另外一些弱国，以达到兼并和扩展土地的目的。当时，最著名的纵横家当属苏秦、张仪、公孙衍。

### ● 图穷匕首见

也称为图穷匕见，取材于荆轲刺秦王的历史事件。战国时期，秦王嬴政一心想统一中原，不断向六国进攻，拆散了燕国和赵国的联盟。燕国的太子丹原为秦国的人质，他见秦王政决心兼并列国，又夺去了燕国的土地，一心要替燕国报仇。太子丹物色到了一个很有本领的勇士，名叫荆轲，要他去刺杀秦王。荆轲出发前，做了三项周密准备：由勇士秦舞阳陪同荆轲行刺；带上秦王一直想缉拿的樊於期的人头；再拿上要献给秦王的燕国地图。这当中，那卷地图更有特别功用，里面藏着刺杀秦始皇的锋利匕首，刀锋上还淬过了烈性毒药。秦王见了仇人的头颅，又听说燕国欲献大片土地，兴奋不已打开地图。当地图全部展开时匕首出现了，荆轲一个箭步，拿起匕首刺向秦王，但秦王挣脱而逃，众侍卫随后用乱刀将荆轲斩杀。

### ● 完璧归赵

战国时候，赵王得到了一块宝玉——和氏璧。秦王知道后派使者去见赵王，愿意用15座城换取那块宝玉。蔺相如知道后，进谏赵王，愿带和氏璧去见秦王，以便伺机行事。来到秦国后，蔺相如将和氏璧献给秦王，仍未见秦王提起割让15座城之事。于是，蔺相如对秦王说："和氏璧虽然珍稀，但有瑕疵。"秦王一听，赶紧叫人把宝玉交给蔺相如。蔺相如拿着和氏璧对秦王说："秦王没有用城换璧的真心，我情愿把自己的脑袋跟这块宝玉一块儿碰碎在柱子上！"秦王只好假意划出15座城。蔺相如心知有诈，便计上心来，称要秦王斋戒5天，在朝廷上举行接受宝玉的仪式才妥当。蔺相如遂拿着和氏璧来到驿馆，命人扮成商人将宝玉完好地带回赵国。

### ● 长平之战

长平之战，是中国古代史最早、规模最大、战况最为惨烈的包围歼灭战。秦昭王四十七年（公元前260），秦军夺取上党。赵国遂驻兵于长平（今山西省高平市长平村）。双方僵持多日，赵军损失巨大。廉颇决定采取坚守营垒以待秦兵的战略。赵王为此屡次责备廉颇，在中了秦国离间之计后，便派赵括替代廉颇为将，命其击秦。秦将白起面对鲁莽轻敌、高傲自恃的赵括，决定采取后退诱敌、分割围歼的战法。在赵军进攻时，秦军佯败，将主力配置在纵深构筑袋形阵地，另以精兵5000人，楔入敌先头部队与主力之间，将赵军截为3段。赵括分兵4队轮番突围，终不能出。此场战争，发生在最有实力统一中国的秦赵两国之间，结果使赵国遭受了毁灭性的打击，令秦国国力大幅度超越于同时代的各国，极大地加速了秦国统一中国的进程。

● 邯郸之围

公元前259—前257，秦军与赵、魏、楚联军在邯郸（今河北境）进行的一次城池攻守战。秦昭襄王见赵国与东方诸国合纵对付秦国，遂令秦军长驱直入进抵赵都邯郸城下。魏王派晋鄙率军10万救赵。魏、楚两国军队先后进抵邯郸城郊，屡败秦军。赵国守军配合城外魏、楚两军出城反击。在三国军队内外夹击之下，秦军大败，损失惨重，只好降赵，邯郸之围遂解。此战是秦国独强的战略格局形成后，诸侯合纵抗秦取得的第一次大胜，并表明，客观条件是否具备和主观指导的正确与否，对于战争胜负起着极为重要的作用。

● 田氏伐齐

指战国初年齐国大夫田氏夺取政权建立田氏齐国的事件。齐景公时，大夫田桓子以大斗出货，小斗收进，笼络民心，民遂归之如流。公元前489年，田乞为相，转齐政。公元前476年，田常割齐地自平安（今山东淄博东北）至琅琊（今山东胶南）为封邑。至此时，齐政皆归田氏。公元前386年，周天子立田和为齐侯，列于周室。不久，齐康公卒，田氏遂有齐国。

● 毛遂自荐

毛遂，战国时期卫国人。相传，毛遂在朝歌云梦山从师于鬼谷子，曾在赵国平原君门下为食客。秦兵攻打赵国，平原君奉命到楚国求救，毛遂自动请求使楚救赵。至楚国，平原君与楚王交谈甚久无果。毛遂挺身而出，陈述利害，楚王才答应派春申君带兵去救赵国。后来，用"毛遂自荐"比喻自己推荐自己。

## ● 纸上谈兵

据《史记·廉颇蔺相如列传》记载，战国时赵国名将赵奢之子赵括，年轻时学兵法，谈起兵事来如数家珍。后来，他接替廉颇为赵军主将，在长平之战中，只知道按兵书所讲的内容，生搬硬套式地排兵布阵，不知道灵活变通，结果被秦军打败。后来，引申出纸上谈兵这个成语，比喻空谈理论，不能解决实际问题。

## ● 百家争鸣

百家，原指先秦时期各种思想流派，后指各种政治、学术派别。春秋战国，诸侯争霸，社会处于大变革时期，代表各阶级、各阶层、各派政治力量的贤达之士或思想家，都企图按照本阶级（层）或本集团的利益和要求，对宇宙、对社会、对万事万物做出解释，或提出主张。他们周游列国，为诸侯出谋划策，著书立说，广收门徒，高谈阔论，互相辩难，产生了各种思想流派，如：儒、法、道、墨等各家，出现了学术上的繁荣景象，后世称为百家争鸣。

## ● 诸子百家

诸子，指春秋战国时期思想领域内反映各阶层、阶层利益的思想家（如：孔子、孟子、老子、庄子、荀子、韩非子、墨子等）及著作，也是先秦至汉各种政治学派的总称，属春秋后才产生的私学；百家，指儒家、道家、墨家、法家等流派，后来指对先秦学术思想派别的总称。

诸子百家的许多思想给后世留下了深刻的启示，如：儒家的"仁政"等古代民主思想、道家的辩证法、墨家的科学思想、法家的唯物思想、兵家的军事思想等，即便是"诡辩"的名家，也开创了中国哲学史上的逻辑学领域。所以，诸子百家的学术观点反映在他们的文学作品中，也随之形成了不同的学术和文学派别。

## ● 法　家

春秋战国时期，百家争鸣中主张"法治"的学派，代表人物是战国时期的商鞅和韩非。在尊王道、举贤能的基础上，法家主张法后王，不迷信天道鬼神而强调人的能动性，具有唯物主义的思想成分，提出以法治为中心的法、术、势相结合的思想，形成了较完整的封建专制主义理论，对汉初许多政论家有着直接的影响。

## ● 名　家

先秦时期以思维的形式、规律和名实关系（概念和事）为研究对象的思想派别，战国时称"刑名家"或"辩者"，西汉始称"名家"。主要代表人物为邓析、惠施、公孙龙等。名家以善于辩论，善于语言分析著称于世。作为一个思想流派而言的"名家"，这个"名"不是有名的名、出名的意思，而主要是指事物的名称、概念。

## ● 孙　膑

战国时期军事家，孙武后代，师从战国时期旷世之奇才鬼谷子。与庞涓同学兵法，后庞涓为魏惠王将军，骗孙膑到魏，用刖刑（即砍去双脚）。孙膑被齐国使者偷偷救回齐国后，被齐威王任为军师。马陵之战，孙膑身居辎车，计杀庞涓，大败魏军。著作有《孙膑兵法》。

## ● 《孙膑兵法》

马陵之战后，孙膑辞官归隐，潜心军事理论研究，终于写成了流传千古的军事名著——《孙膑兵法》。《孙膑兵法》又名《齐孙子》，系与《孙子兵法》区别之故。《汉书·艺文志》称"《齐孙子》八十九篇，图四卷"，但自《隋书·经籍志》始，便不见于历代著录，大概在东汉末年便已失传。1972年，临沂银雀山汉墓竹简出土，这部古兵法始重见天日。

## ● 屈　原

中国最伟大的爱国主义诗人之一，也是中国已知最早的著名诗人、思想家和伟大的政治家。他主张联齐抗秦，提倡"美政"。屈原早年受楚怀王信任，任左徒、三闾大夫，常与怀王商议国事，参与法律的制定，主张章明法度，举贤任能，改革政治，联齐抗秦。但由于屈原性格耿直，加之他人谗言与排挤，被楚怀王流落到汉北。流放期间，屈原心中郁闷，开始文学创作，在作品中洋溢着对楚地楚风的眷恋和为民报国的热情。其作品文字华丽，想象奇特，比喻新奇，内涵深刻，成为中国文学的起源之一。

● 《楚辞》

又称楚词，是战国时期伟大诗人屈原创造的一种诗体。作品运用楚地（今湖南、湖北）的文学样式、方言声韵，叙写楚地的山川人物、历史风情，具有浓厚的地方特色。汉代时，刘向将屈原的作品及宋玉等人"承袭屈赋"的作品编辑成集，名为《楚辞》，并成为继《诗经》以后，对中国文学具有深远影响的一部诗歌总集。

● 《甘石星经》

世界上最早的天文学著作。战国时期楚人甘德（今属湖北）、魏人石申（今属河南开封），在长期观测天象的基础上各写出一部天文学著作，后人将这两部著作合起来，称为《甘石星经》。

● 《黄帝内经》

中国传统医学四大经典著作之一（《黄帝内经》《难经》《伤寒杂病论》《神农本草经》），也是第一部冠以中华民族先祖"黄帝"之名的传世巨著，是中国医学宝库中现存成书最早的一部医学典籍。黄帝内经成编于战国时期，是中国现存最早的中医理论专著。总结了春秋至战国时期的医疗经验和学术理论，吸收了秦汉以前有关天文学、历算学、生物学、地理学、人类学、心理学，并运用阴阳、五行、天人合一等理论，对人体的解剖、生理、病理以及疾病的诊断、治疗与预防，进行较全面的阐述，确立了中医学独特的理论体系，成为中国医药学发展的理论基础和源泉。

● 《战国策》

中国古代的一部国别体史学名著史书。全书按东周、西周、秦国、齐国、楚国、赵国、魏国、韩国、燕国、宋国、卫国、中山国依次分国编写，分为11策，共33卷，总计497篇，是中国古代记载战国时期政治斗争、政治主张和策略的一部最完整的著作。实际上，它是当时纵横家游说之辞的汇编，所记载的历史，展示了战国时期的历史特点和社会风貌，是研究战国历史的重要典籍，也是先秦历史散文成就最高、影响最大的著作之一。

## ● 《吕氏春秋》

战国末期，秦国丞相吕不韦组织门客们集体编撰的一部古代类百科全书式的传世巨著，又名《吕览》。全书共分为十二纪、八览、六论，共12卷，总计160篇。吕不韦自己认为，书中包括了天地万物古往今来的事理，故号称《吕氏春秋》。

## ● 《六经》

是《诗经》《尚书》《仪礼》《乐经》《周易》《春秋》等6部经典的统称。其中，《礼经》汉代是指《仪礼》，宋以后《五经》中的《礼经》一般是指《礼记》。

## ● 《法经》

战国时期各诸侯国的变法很多，李悝也在魏文侯的支持下进行变法，推行新政，并制定了《法经》。它是中国历史上第一部比较系统、完整的封建成文法典，在中国封建立法史上具有重要的地位，是此后历代法典的蓝本。

## ● 都江堰

建于公元前256年，是全世界迄今为止，年代最久、唯一留存、以无坝引水为特征的宏大水利工程。都江堰水利工程充分利用当地西北高、东南低的地理条件，根据江河出山口处特殊的地形、水脉、水势，因势利导，无坝引水，自流灌溉，使堤防、分水、泄洪、排沙、控流相互依存，共为体系，保证了防洪、灌溉、水运和社会用水综合效益的充分发挥。

## ● 郑国渠

战国时期，中国历史朝着建立统一国家的方向发展。关中是秦国的基地，为了增强自己的经济力量，以便在兼并战争中立于不败之地，需要发展农田水利，以提高粮食产量。秦王政元年（公元前246），秦王采纳韩国人郑国的建议，并由郑国主持兴修大型灌溉渠，西引泾水东注洛水，长达300余里，可灌溉18万余公顷土地。郑国渠工程之浩大、设计之合理、技术之先进、实效之显著，在中国古代水利史上是少有的，也是世界水利史上少有的。

## ● 曾侯乙编钟

中国迄今发现数量最多、保存最好、音律最全、气势最宏伟的一套编钟，出自湖北随州的曾侯乙墓，墓主是战国早期曾国的国君。曾侯乙编钟数量巨大，完整无缺，按大小和音高为序编成8组悬挂在3层钟架上。最上层3组19件为钮钟，形体较小，有方形钮，有篆体铭文。中下两层5组共45件为甬钟，有长柄，外加楚惠王送的一枚镈钟共65枚。这套编钟深埋地下2400余年，至今仍能演奏乐曲，音律准确，音色优美，是研究先秦音乐的重要资料。

# 天下一统的大秦帝国

## （公元前221—前206）

### ● 秦合六国

公元前230—前221，秦王政采取远交近攻、分化离间、合纵连横的策略，发动秦灭六国之战。

秦王政十七年（公元前230），内史腾率兵灭韩国，俘韩王安，得韩地置颍川郡，韩亡。

秦王政十九年（公元前228），秦军攻入赵国国都邯郸，赵王迁被迫降秦，赵破。

秦王政十九年（公元前228），王翦攻破燕都蓟，燕王杀太子丹求和，燕破。

秦王政二十二年（公元前225），王贲率领60万大军包围魏都大梁，引黄河水灌大梁，魏亡。

秦王政二十三年（公元前224），王翦率领10万大军攻打楚国。1年后，消灭楚军主力，占领楚都寿春，虏楚王负刍，楚国亡。

秦王政二十四年（公元前223），王翦率军渡过长江，平定江南，降越君置会稽郡，越国亡。

秦王政二十五年（公元前222），王贲攻下辽东，俘燕王喜，其后攻下代城，俘代王嘉。燕、赵彻底灭亡。

秦王政二十六年（公元前221），王贲率军南下攻打齐国，齐王建投降，齐亡。

至此，秦合六国，一统天下，建立中国历史上第一个大一统、多民族、中央集权的专制主义国家——秦朝。

### ● 秦始皇

中国历史上第一个大一统王朝——秦朝的开国皇帝。赢姓赵氏，名政，秦庄襄王之子。秦王政九年（公元前238），开始"亲理朝政"，听取李斯的建议——由近及远、集中力量、各个击破，先北取赵、中取魏、南取韩，然后再进取燕、楚、齐——着手规划统一六国的大业。39岁时，秦王政完成统一大业，建立起一个以汉族为主体、多民族统一的中央集权的强大国家，定都咸阳。秦王政认为自己的功劳胜过之前的三皇五帝，将大臣议定的尊号改为"皇帝"，自称"始皇帝"，是中国历史上第一位使用"皇帝"称号的君主，对中国和世界的历史均产生了深远而重大的影响，被明代思想家李贽誉为"千古一帝"。

## ● 皇　帝

春秋战国时期，各国诸侯被称为"君"或"王"。战国后期，秦国与齐国曾一度称"帝"。一统天下的秦王政认为，这些称号不足以显示其尊崇的地位。于是，丞相王绾、御史大夫冯劫、廷尉李斯等人商议，秦王政的功绩"自上古以来未尝有，五帝所不及"，建议秦王政采用"泰皇"这一称谓。然而，秦始皇对此并不满意，他只采用一个"皇"字，并在其下另加一个"帝"字，创造出"皇帝"这个新名号授予自己。此后，"皇帝"就成为中国古代最高统治者的称谓。"皇帝"称谓的出现，不仅仅是简单的名号变更，还反映了一种新的通知观念的产生。

## ● 宰　相

中国历史上一个泛指的职官称号。宰为主宰，相是辅助。宰相是国君之下辅助国君处理政务的最高官职。夏商是巫史，西周春秋是公卿，战国以后是宰相。宰相的正式官名随着朝代的更替，先后出现过：相国、丞相、大司徒、司徒、中书令、尚书令、同平章事、内阁大学士、军机大臣等几十种官名。据记载，早在商周时期已有太宰、尹、太师之称，有辅佐天子管理国家之意，至春秋战国时期，相的名称已出现。由于秦国是战国时期第一个设立郡县制的国家，宰相之名由此而始。秦始皇一统天下后，废分封、设郡县，废诸侯、设官吏，任命官僚向全国发号施令，并借助大臣辅佐政务，宰相遂作为官制首次确定下来。随着封建国家的发展，宰相制一直沿袭了2000余年。

## ● 李　斯

秦朝著名的政治家、文学家和书法家。早年为郡小吏，后从荀子学帝王之术，学成入秦。初被吕不韦任以为郎，后劝说秦王政灭诸侯、成帝业，在秦王政统一六国的事业中起了较大作用。秦统一天下后，制定有关的礼仪制度，并被任为宰相。他建议拆除郡县城墙，销毁民间兵器，以加强对人民的统治；反对分封制，坚持郡县制；主张焚烧民间收藏的《诗》《书》、百家语，禁止私学，以加强专制主义中央集权统治；参与制定国家法律，统一车轨、文字、度量衡等制度。

## ● 中央集权

中国古代的政体——封建专制主义中央集权制度。在封建社会一般实行君主专制的中央集权制度。中央集权处理的是中央和地方的关系，特点是地方政府在政治、经济、军事等方面没有独立性，必须严格服从中央政府的命令，一切受控于中央。封建专制主义是一种决策方式，体现的是君臣关系，主要特征是皇帝个人专断独裁，集国家最高权力于一身，从决策到行使军、政、财大权都具有独断性和随意性。

## ● 三公九卿

秦朝的中央机关实行三公九卿制。三公是丞相、太尉、御史大夫，分管政务、军事、监察。三公之间互不统属，相互制约，都直接为皇帝负责，使权力集中于皇帝一身。三公之下设九卿，具体是：奉常，掌管宗庙礼仪；卫尉，掌管皇宫保卫；郎中令，掌管宫廷警卫；太仆，掌管宫廷车马；典客，处理少数民族事务及外交；廷尉，负责司法；治粟内史，掌全国财政税收；宗正，管理皇室亲族内部事务；少府，掌管全国山河湖海税收和手工业制造。三公九卿均由皇帝任免，概不世袭。

## ● 郡县制

中国古代中央集权制在地方政权上的体现。战国时期，县的设置已较广泛，并转变为作为地方政权而实行官僚制度的县制，郡的设置要较县为晚，地位比县为低，但县与郡之间并无相统属的关系。随着各诸侯国边防设郡逐渐繁盛，内地设县逐渐增多，需要更高一级的管理机构，因此形成了郡、县两级制的地方管理体系。郡的长官称"守"，县的长官称"令"，均由国君任免，不得世袭。秦统一天下后，为了加强中央集权，健全了郡县制，并在全国推广，以便中央通过考课和监察以加强对地方政权的控制，有利于政治的安定和经济的发展。

## ● 泰山封禅

秦朝统一中国后，秦始皇于二十八年（公元前219）巡行东方，先到邹峄山行祭礼，刻石颂秦功业。同时，召集齐、鲁的儒生稽考封禅礼仪众儒生诸说不一。秦始皇遂自定礼制，整修山道。自泰山之阳登山，在岱顶行登封礼，并立石颂德；自泰山之阴下山，行降禅礼于梁父山。秦始皇封泰山时的祭文共147字，刻石是四面环刻，颂辞刻了三面。

## ● 文字、货币、度量衡的统一

公元前221年，秦始皇实现了对全中国的统治。作为一个大一统王朝，在幅员辽阔的统治区域内，秦始皇除采用中央集权的政治制度外，还采取许多措施来巩固和发展统一的局面，包括实行一系列的政策，有意识地统一思想、文化。在经济方面，实行土地私有制，按亩纳税，统一度量衡、统一货币、统一车轨，修驰道，出现"车同轨，书同文，行同伦"的景象。可见，秦朝对六国文化是加以吸收而又予以兼容的。

## ● 秦始皇兵马俑

秦始皇兵马俑坑，是世界最大的地下军事博物馆。俑坑中最多的是武士俑，身高1.7米，最高的1.9米。秦俑大部分手执青铜兵器，其脸型、胖瘦、表情、眉毛、眼睛和年龄各有差异。陶马高1.5米，身长2米。战车与实际车的大小一样。在这个庞大的秦俑群体中，人、马、车和军阵是通过写实艺术来再现的，使整个群体更显得活跃、真实、富有生气，体现了中国古代人民的智慧。

## ● 秦长城

秦始皇三十三年（公元前214），遣大将蒙恬北逐匈奴，又在西起临洮（今甘肃岷县）、东至辽东的广阔地域筑长城万余里，以防匈奴南进，史称秦长城。秦长城不仅在构筑方法上有自己的风格，而且在防御设施的建置上也有一定的特色，秦长城以石筑见称，雄伟壮观，汉代沿用，是中华民族的瑰宝，也是世界建筑史上的奇迹，更是中华民族辉煌历史、灿烂文化的象征。

## ● 骊山陵

位于西安市临潼区东骊山麓，建于公元前246年，是秦始皇发百万民夫，耗费巨万，用时36年才筑成的陵墓，是中国现存第一个规模比较完整的帝王陵墓。现存墓高达76米，体现了秦始皇至高无上的威严和权力。

## ● 阿房宫

秦始皇统一六国后，在都城咸阳大兴土木，其中所建宫殿中规模最大的就是阿房宫。据《史记·秦始皇本纪》记载，秦始皇三十五年（公元前212），秦始皇认为都城咸阳人太多，而先王的皇宫又太小，下令在故周都城丰、镐之间，渭河以南的皇家园林上林苑中，仿集天下的建筑之精英灵秀，营造一座新朝宫，这便是后来被称为阿房宫的著名宫殿。

## ● 灵　渠

中国和世界最古老的人工运河之一。在中国广西壮族自治区东北部兴安县境内，又称湘桂运河或兴安陡河。开凿于公元前214年。

公元前221年，秦始皇统一北方六国之后，又于公元前211年对浙江、福建、广东、广西地区的百越进行大规模的军事征伐。为改善和保证交通补给，秦始皇命史禄劈山凿渠。史禄通过精确计算终于在兴安开凿了灵渠，奇迹般地将长江水系和珠江水系连接起来，这不仅推动了战事的进程，还促进了岭南经济和文化的发展。最终，秦国把岭南的广大地区正式划入到中原王朝的版图中。

## ● 蒙恬抗击匈奴

在秦国横扫中原六国之时，北方一直活跃着一个善于骑射的民族——匈奴，他们利用中原战乱之机，不断骚扰北方各国。在秦统一中原时，乘机占领了河套以南的大片土地，直接威胁着秦都咸阳的安全。公元前215年，秦始皇以蒙恬为帅，统领30万秦军北击匈奴。蒙恬率领的军队以破竹之势，在黄河上游（今宁夏和内蒙古河套一带），击败匈奴各部大军，迫使匈奴远去大漠以北700里。蒙恬在黄河以北（今内蒙古乌拉山一带），筑亭障、修城堡，加强河套地区的防线，为河套地区的开发创造了条件，也给北方带来了十几年安定的社会环境。其后，蒙恬修筑西起陇西的临洮（今甘肃岷县）、东至辽东（今辽宁境内）的万里长城，利用地形，借着天险，设置要塞，有力地遏制了匈奴的南进。蒙恬征战北疆10多年，威震匈奴，被誉为"中华第一勇士"。

● 焚书坑儒

指公元前213年焚毁书籍和公元前212年坑杀术士、儒士的事件。秦始皇三十四年，博士齐人淳于越反对当时实行的"郡县制"，要求根据古制，分封子弟。宰相李斯加以驳斥，并主张禁止百姓以古非今，以私学诽谤朝政。秦始皇采纳李斯的建议，下令焚烧《秦记》以外的列国史记，对不属于博士馆藏的《诗》《书》等也限期交出烧毁。有敢谈论《诗》《书》的处死；以古非今的灭族；禁止私学，想学法令的人要以官吏为师，此即为"焚书"。第二年，两个术士（修炼功法炼丹的人）侯生和卢生暗地里诽谤秦始皇。秦始皇得知此事，派御史调查。得犯禁者460余人，全部被坑杀，此即为"坑儒"。两件事合称焚书坑儒。

● 沙丘之变

公元前210年，秦始皇在巡视的归途中患病，次年病重，移至沙丘（今河北广宗县平台村南）颐养。秦始皇在病中写下玺书，赐子扶苏赶回咸阳主持治丧葬礼。玺书写好后封存在中车府令赵高行符玺事署所，还没有来得及交给使者传送，秦始皇就病死在沙丘平台。宰相李斯因害怕发生变乱，于是严密封锁消息，乘机与胡亥、赵高密谋，擅自开启密封的玺书，篡改始皇遗令，另立胡亥为太子，而赐扶苏和蒙恬死，史称沙丘之变。此后，胡亥在咸阳继位，这就是秦二世。

● 陈胜吴广起义

中国历史上第一次平民起义。秦二世元年（公元前209），一批被征发到渔阳屯戍的900余人，行至大泽乡（今安徽宿县东南）为大雨所阻，不能如期到达戍所。按秦律，失期当斩，众人惶恐。戍卒中有两名屯长，一是陈胜、一是吴广，他们用"鱼腹丹书""篝火狐鸣"的计策，策动戍卒起义，提出"大楚兴、陈胜王"的口号，起兵反秦。起义军迅速攻下了几个县城，由于不断有百姓参加，队伍发展得很快，当攻占陈县（今河南睢阳）时，已拥有步兵数万，骑兵千余，战车六七百辆。陈胜自立为王，国号张楚（意为张大楚国），任命吴广为假王，率军向西进攻荥阳，命武臣、张耳、陈余等北伐赵地，邓宗南征九江郡，周市夺取魏地。随着反秦战争的发展，起义军内部的弱点和矛盾也逐步暴露出来，虽然这次起义不到一年而失败，但由此在全国燃起的反秦烈火迅速推翻了秦朝的统治。

## ● 巨鹿之战

公元前208年，赵王歇被秦军将领王离率领20万大军围困在巨鹿（今河北平乡），遂向楚怀王求援。项羽为报秦军杀叔父项梁之仇主动请缨。于是，楚怀王便封项羽为上将军，令英布和蒲将军2支义军归其指挥，以解巨鹿之困。项羽派遣英布、蒲将军率领2万人为先锋切断秦军运粮通道，然后令全军将士破釜沉舟，轻装渡河，并亲率主力勇猛作战。这极大地鼓舞了将士们的士气，楚军九战九捷，大败秦军，巨鹿之困因而得解。

## ● 西楚霸王

中国古代起义领袖、著名军事家、中国军事思想"勇战"派代表人物，人称西楚霸王。

姓项，名籍，字羽，身高八尺，力能扛鼎，气压万夫，年轻时志向便极为远大。大泽乡起义不久，项羽在江东斩郡守后崛起，举兵反秦，率军入关中，以五诸侯灭暴秦，威震四海，分裂天下，册封十八诸侯，大政皆由羽出，号为"霸王"，权同皇帝。位虽不终，近古以来未尝有也。他的出现，为中国历史掀起了一场风云。

## ● 楚汉战争

公元前206—前202年，项羽、刘邦为争夺政权进行的一场大规模战争。陈胜、吴广起义失败后，楚地义军分2路攻秦。项羽在关东（函谷关以东地区）聚歼秦军主力，刘邦乘隙攻入咸阳，秦亡。依据楚怀王"先入定关中者王之"的约定，刘邦欲称王关中（函谷关以西地区）。项羽于巨鹿歼灭秦军主力，取得诸侯上将军地位，实力雄厚，遂率诸侯军40万、秦军降卒20万直奔关中，破函谷关，进驻鸿门（今陕西临潼东），意图消灭刘邦集团。楚汉战争历时3年多，战地之辽阔，规模之巨大，用兵韬略之丰富，前所未有，在中国古代战争史上占有重要地位。

# 光耀华夏的两汉基业

## （公元前206—220）

## 西汉（公元前206—25）

### ● 刘 邦

汉太祖高皇帝刘邦，字季，起兵于沛（今江苏沛县）。秦朝时曾担任泗水亭长，在秦末农民战争中起义，登高一呼，天下英雄云集于麾下，称"沛公"。公元前207年，刘邦所率义军率先攻入秦都咸阳，公元前206年被义军盟主项羽封为汉王，封地为汉中、巴蜀，因此在战胜项羽后建国时将国号定为"汉"。公元前202年，刘邦在定陶城边的汜水北岸称帝，建都于长安（今陕西省西安市）。登基后，刘邦采取休养生息的宽松政策，不仅安抚了人民、凝聚了汉民族，也促成了汉代雍容大度的文化基础。可以说，刘邦使四分五裂的中国真正统一起来，将民心凝集起来。他对汉民族的统一、中国的强大，汉文化的保护和发扬有决定性的贡献。

### ● 张 良

字子房，伟大的谋略家、政治家。秦末农民起义中，率部投奔刘邦，协助平定关中。刘邦西入武关后，张良在峣下用计破敌；鸿门宴上帮助刘邦脱离险境；灞上分封时"为汉王请汉中地"。楚汉战争期间，建言"长计谋平天下"，重用韩信等贤士，又主张追击项羽，歼灭楚军。汉朝建立，被封留侯。刘邦曾赞其"运筹帷幄之中，决胜于千里外，子房功也"。

### ● 韩 信

中国军事思想"谋战"派代表人物。作为战术家，其明修栈道、暗渡陈仓、背水为营、拔帜易帜、四面楚歌、十面埋伏等用兵之道为历代兵家推崇；作为军事家，是继孙武、白起之后最卓越的将领，最大的特点是用兵灵活，其指挥的井陉之战、潍水之战是战争史上的杰作；作为战略家，在拜将时的言论，成为楚汉战争胜利的根本方略；作为统帅，率军出陈仓、定三秦、破楚军；作为军事理论家，著有兵法3篇。

### ● 西汉长安城

长安原为秦之乡名，秦时有兴乐宫。汉高祖五年（公元前202），在兴乐宫基础上修治长乐宫，七年建未央宫，自栎阳迁都长安。西汉长安城主要由皇家宫室及其附属设施构成，突出表现了为帝王、贵族、官僚服务的性质，反映了中国早期都城的特点。西汉长安城平面不规则，东垣平直，其余三面墙随地形河渠曲折，城外挖有护壕。每面城墙有3门，每道宽6米，可容4个车轨。城内工商业区集中在西北隅的横门大街两侧，而居民区则在城东北隅宣平门附近。每条街均分成3条并行的道路，中为皇帝专用的驰道，两侧道路供吏民行走。

### ● 汉初的休养生息

为了恢复社会经济，刺激生产力的发展，巩固封建统治，刘邦及其群臣制定了休养生息政策。汉初的几代皇帝，特别是文、景两帝，都大力推行休养生息政策。主要内容有：重视农业生产，进一步推行"轻徭薄赋、奖励生产"的政策，把田租减为三十税一，嘉奖努力耕田的人，减轻人头税和徭役，实行休养生息的措施；提倡节俭，文帝身体力行，取消造价昂贵的露台，主张从简；减轻刑罚，文帝废除了亲属连坐法，用笞刑代替残损肢体的肉刑，至景帝时再次减轻笞刑。

### ● 白登之围

汉高祖时，匈奴的冒顿单于率40万大军占领了韩王信（原韩国贵族，和韩信是两个人）的封地马邑（今山西朔州市）后，继续向南进攻，围住晋阳。汉高祖亲自赶到晋阳和匈奴对敌。双方军事实力对比，汉军明显不敌，被围困在白登山达7天之久。于是，刘邦身边的谋士陈平派使者带着黄金、珠宝去见冒顿的阏氏（匈奴王的王后），请她从中斡旋。第二天清早，冒顿单于下令将包围圈撤开一角，放汉兵出去。此后，汉朝再无力量去征服匈奴，只好采用"和亲"的政策与匈奴缓和关系。

## ● 吕后称制

吕后名雉，汉高祖刘邦结发之妻。高帝五年（公元前202）刘邦称帝，立吕雉为后。吕雉为人有谋略而性残忍，在刘邦翦除异姓王的过程中起很大作用。刘邦死后，刘盈继位，是为惠帝。吕后以惠帝年少，恐功臣不服，密谋尽诛诸将，惠帝不满吕后所为，忧郁病死。吕后临朝执政8年，继续推行汉初的休养生息政策，先后废除秦以来的"挟书律""三族罪""妖言令"，减田租，奖励农耕，放宽对商人的限制。这些措施对当时社会生产的发展起了一定的积极作用。

## ● 七国之乱

公元前154年，汉景帝采纳晁错的《削藩策》削夺吴王刘濞的会稽、豫章两郡。刘濞乘机联合楚、赵、胶西、胶东、菑川、济南六国的诸侯王，发动叛乱。叛军至梁国（今河南商丘），为景帝之弟梁王刘武所阻。此时，景帝才命周亚夫与窦婴平叛叛军。七国之乱的平定和诸侯王权力的削弱，沉重打击了分裂割据势力，在制度上，基本解决了强大的诸侯王权与专制皇权的矛盾，进一步加强了中央集权制度。

## ● 文景之治

西汉初年，汉高祖刘邦及其后的汉文帝刘恒、汉景帝刘启，吸取秦亡的教训，减轻农民的徭役和劳役等负担，注重发展农业生产。文景时期，提倡节俭，重视"以德化民"，社会比较安定，经济得到发展，历来被视为封建社会的盛世，史称文景之治。

## ● 推恩令

汉武帝为削弱诸侯王势力而颁行的重要法令。

武帝初年，一些诸侯王国仍威胁着中央集权的巩固。元朔二年（公元前127），主父偃上书武帝，建议令诸侯推私恩分封子弟为列侯。这样，名义是上施德惠，实际上是削弱诸侯王的势力。这一建议既迎合了武帝巩固专制主义中央集权的需要，又避免激起诸侯王武装反抗的可能，因此立即为武帝采纳。同年春正月，武帝颁布推恩令。推恩令下达后，诸侯王的支庶多得以受封为列侯，不少诸侯王国先后分为若干侯国。按汉制，侯国隶属于郡，地位与县相当。因此，王国变为侯国，实质是王国的缩小和朝廷直辖土地的扩大。这样，汉朝廷不行黜陟，而藩国自析。其后，王国辖地仅有数县，彻底解决了诸侯王国问题。

## ● 养老令

汉文帝时，有养老令，规定80岁以上的老人，每月赐米1斤，肉20斤，酒5斗；90岁以上的老人，加赐帛2匹，絮3斤。养老令还对这些养老措施的落实做了具体的安排，有执行者，有监督者。但是，犯过重罪，或有罪待决的犯人不在此列。

## ● 太　学

中国古代的大学。太学之名始于西周，汉代始设于京师。汉武帝时，董仲舒上"天人三策"，提出"愿陛下兴太学，置明师，以养天下之士"的建议。武帝建元六年（公元前135）在长安设太学，初设五经博士专门讲授儒家经典《诗》《书》《礼》《易》《春秋》。学生称为"博士弟子"或"太学弟子"。武帝还下令天下郡国设立学校官，初步建立起地方教育系统。太学和郡国学主要是培养封建官僚，但是在传播文化方面，起到重要作用。

## ● 刺史制度

汉武帝时，为监察地方，全国分13州，设置刺史，刺史由朝廷派遣，属于低级官员，但是职权很重，有权监察郡守和王国相，以及地方的强宗豪右，甚至可督查诸侯王。刺史直接受御史中丞差遣。后来，刺史权渐重，积久成制，成为行政长官。西汉末至东汉，刺史改称州牧，级别提高，成为最高地方行政长官，州也成最高地方行政区划。

## ● 征辟制

汉武帝时推行的一种自上而下选拔官吏的制度，主要有皇帝征聘和府、州、郡辟除两方面。前者多为名望高、品学兼优的社会名流，被征召者多委以要职，称为"征君"。后者是汉代高级官员任用属官的级别。中央最高行政长官如三公，地方官如州牧、郡守，都可自行聘任僚属，然后向朝廷推荐。西汉之时，既有征召、也有辟除，二者合称"征辟"，目的是让各郡国每年向国家推荐人才。

## ● 察举制

汉代选拔官吏的一种制度。公元前196年，汉高祖刘邦下求贤诏，令从郡国推举有治国才能的"贤士大夫"，开汉代察举制度的先河。察举作为选官的一项制度是从文帝开始的，是一种由下而上推选人才为官的制度，这是两汉选用官吏最主要的途径之一。这项中央和地方官府向社会征聘人才的举措，在一定程度上满足了官僚队伍的需要，但容易任人唯亲，荐举人和被推荐人也容易形成小集团。

## ● 盐铁官营

汉武帝实行的财经政策。西汉初年，对盐铁业采取自由经营政策。汉武帝时，为增加政府财政收入，打击工商业者，实行盐铁由国家垄断经营，并设置行政机构具体管理。在中央于大司农之下设盐铁丞，总管全国盐铁经营事业，于地方各郡县设盐官或铁官经营盐铁产销。盐官营的办法是：民制、官收、官运、官销。盐铁官营虽然在增加国家财政收入、抑制商人势力、改进与推广先进技术方面起到积极作用，但亦不免带有封建官营事业共有的弊病，如：规格不合要求、价格昂贵、强迫购买、强征民役等弊病。

## ● 昭宣中兴

汉昭帝和汉宣帝时代，西汉处于稳定发展阶段。汉昭帝8岁即位，霍光辅政，继续实行汉武帝后期的政策，多次下诏赈贷农民，减免田租、口赋等税收，减轻农民的力役负担。宣帝即位后，更着力整顿吏治，推行招抚流亡、安定民生的措施，使社会生产重新得到一定程度的恢复和发展，政治上出现新局面，史称昭宣中兴。

## ● 西域都护府

西域都护是汉代西域最高军政长官。西汉时，都护是加在其他官号上的职称，多以骑都尉领其职。都护统领大宛（今中亚费尔干纳盆地）及其以东城郭诸国，兼督察乌孙（今伊犁河流域）、康居（今锡尔河中游地带）等国，颁行朝廷号令，诸国有乱，得发兵征讨。

## ● 屯　田

汉文帝时候，北方匈奴时常侵犯汉边境。大臣晁错认为，让士卒轮流戍边不是长久之计，遂上书汉文帝，主张用招募之法有计划地移民，发展边疆地区的生产，把卫国和保家联系在一起，并且规定了具体的实施步骤：首先，把向国家捐献粮食以获得爵位的那些粮食用于边防屯垦；其次，选择水草丰茂的边地作为移民地区，并在那里修筑城堡；再次，各级官吏负责修筑房舍，供给必要的农具、种子，配备医生和巫师等人员。这不仅在国库空虚、财政紧张时，节省了大量军费开支、徭役劳作，而且加强了边防建设，增加了物资储备，提高了御敌应变能力，既开源又节流，有效地保障了国家安全。

## ● 三纲五常

"三纲"指"君为臣纲，父为子纲，夫为妻纲"，要求为臣、为子、为妻的必须绝对服从于君、父、夫，同时也要求君、父、夫为臣、子、妻作出表率。它反映了封建社会中君臣、父子、夫妇之间的一种特殊的道德关系。

"五常"即仁、义、礼、智、信，是用以调整、规范君臣、父子、兄弟、夫妇、朋友等人伦关系的行为准则。

## ● 谶纬之学

流行于两汉时期的一种学说。"谶"，即一种神秘的预言，其假托诸神圣人预决吉凶；"纬"是相对于"经"而言的，以迷信方术、预言附会儒家经典。谶纬之学以阴阳五行学说和董仲舒"天人感应论"为依据，适应了当时封建统治者的需要，故流行一时。

## ● 汉武帝

汉武帝刘彻，字通，不仅是汉朝第7位皇帝，还是政治家、战略家、民族英雄、文学家、诗人。汉武帝16岁登基，在位54年（公元前141—前87），建立了西汉王朝最辉煌的功业。汉武帝是第一个用儒家学说统一思想的皇帝；第一个创立太学培养人才的皇帝；第一个大力拓展中国疆土的皇帝；第一个开通西域的皇帝；第一个用皇帝年号来纪元的皇帝；第一个用罪己诏形式进行自我批评的皇帝。他的雄才大略、文治武功建立了当时世界上最强大的国家；体现了一个国家前所未有的尊严；给了一个族群挺立千秋的自信。他的国号成了一个伟大民族永远的名字。

## ● 卫　青

字仲卿，汉武帝时期重臣、军事家、抗击匈奴的主要将领。汉武帝时期，改变了汉初与匈奴和亲的政策，依靠"文景之治"积累的财富和兵力，对匈奴发动了大规模的反击战争。卫青从公元前129年被封车骑将军开始，共有7次率军打击匈奴，屡立战功。据《史记》记载，其所得封邑总共有16700户，《汉书》为200200户。

## ● 霍去病

汉武帝时期杰出的军事家。好骑射，善于长途奔袭，用兵灵活，注重方略，不拘古法，勇猛果断，每战皆胜，深得武帝信任，留下了"匈奴未灭，何以家为"的千古名句。元狩四年（公元前119），为了彻底消灭匈奴主力，汉武帝发起了规模空前的漠北大战。在深入漠北寻找匈奴主力的过程中，霍去病率部奔袭2000多里，歼敌70000余人，俘虏匈奴王爷3人，以及将军、相国、当户、都尉83人。经此一役，"匈奴远遁，漠南无王庭"。

## ● 李　广

西汉著名军事家。受世传弓法，射得一手好箭，被称为"飞将军"。镇守边郡使匈奴不敢犯多年。其一生未得封侯，有历史诗句"冯唐易老，李广难封"为证。

## ● 张骞通西域

汉朝日趋强盛后，积极计划消除匈奴贵族对北方的威胁。武帝想联合大月氏共同抗击匈奴，考虑西行的必经道路——河西走廊还处在匈奴的控制之下，于是公开征募能担当出使重任的人才。建元三年（公元前138），张骞"以郎应募，使月氏"。历经13年后，出使时的100多人只剩张骞和堂邑父两个回来。张骞出使西域虽然没有达到军事目的，但对于西域的地理、物产、风俗习惯有了比较详细的了解，为汉朝开辟通往中亚的交通要道提供了宝贵的资料，成为民族之间的第一次文化交融，丰富了汉族人民的文化生活。

## ● 丝绸之路

张骞出使西域后，汉朝的使者、商人接踵西行，西域的使者、商人也纷纷东来。他们把中国的丝和纺织品，从长安通过河西走廊（今新疆地区）运往西亚，再转运到欧洲，又把西域各国的奇珍异宝输入到中国内地。这条沟通中西交通的陆上要道，就是历史上著名的丝绸之路。丝绸之路把西汉同中亚许多国家联系起来，促进了它们之间的经济和文化的交流。丝绸之路一般可分为三段，每一段又都可分为北中南三条线路。东段：从长安到玉门关、阳关，东段各线路的选择，多考虑翻越六盘山以及渡黄河的安全性与便捷性。中段：主要是西域境内的诸线路，它们随绿洲、沙漠的变化而时有变迁。西段：自葱岭以西直到欧洲都是丝绸之路的西段，它的三线分别与中段的三线相接对应。

### ● 海上丝绸之路

汉武帝以后，西汉的商人常常出海贸易，开辟了海上交通要道，这就是历史上著名的海上丝绸之路。从中国出发，向西航行的南海航线，是海上丝绸之路的主线。与此同时，还有一条由中国向东到达朝鲜半岛和日本列岛的东海航线，它在海上丝绸之路中占次要地位。海上丝绸之路，是中国与世界其他地区之间海上交通的路线。中国的丝绸除通过横贯大陆的陆上交通线大量输往中亚、西亚和非洲、欧洲国家外，也通过海上交通线源源不断地销往世界各国。

### ● 昭君出塞

王昭君，字昭君，原为汉宫宫女。公元前54年，匈奴呼韩邪单于南迁至长城外的光禄塞下，同西汉结好，并三次进长安入朝，向汉元帝和亲。王昭君听说后请求出塞和亲。她到匈奴后，被封为"宁胡阏氏"（意为王后），象征着给匈奴带来和平、安宁和兴旺。后来，呼韩邪单于在西汉的支持下控制了匈奴全境，从而使匈奴同汉朝和好达半个世纪。

### ● 苏武牧羊

苏武，字子卿，西汉大臣，公元前100年，匈奴新单于即位，汉武帝为了表示友好，派遣苏武出使匈奴。不料，就在苏武准备返回汉朝时，匈奴上层发生了内乱，苏武一行被扣留下来，并被要求臣服单于，苏武严词拒绝。于是，单于将苏武流放到西伯利亚的贝加尔湖一带，让他去牧羊。唯一与苏武做伴的，是那根代表汉朝的使节和一小群羊。苏武每天拿着这根使节放羊长达19年，一心想回汉朝复命。公元前81年，苏武终于回到长安，因拥立汉宣帝，被赐爵关内侯。

## ● 董仲舒

西汉时期著名的唯心主义哲学家、今文经学大师、思想家、政治家。景帝时任博士，讲授《公羊春秋》。汉武帝元光元年（公元前134），董仲舒在著名的《举贤良对策》中，提出其哲学体系的基本要点，并建议"罢黜百家，独尊儒术"，为汉武帝所采纳。董仲舒以《公羊春秋》为依据，将周朝以来的宗教天道观和阴阳、五行学说结合起来，吸收法家、道家、阴阳家思想，建立了一个新的思想体系，成为汉代的官方统治哲学，对当时社会所提出的一系列哲学、政治、社会、历史问题，给予了较为系统的回答。

## ● 司马迁

字子长，西汉时期伟大的史学家、文学家，从孔安国学《尚书》，从董仲舒学《春秋》。随后，继承父业为太史令。公元前104年，司马迁着笔《太史公书》。天汉二年（公元前99），他因"李陵事件"，为投降匈奴的李陵求情，直言触怒了汉武帝，遂被关入监狱并遭宫刑。司马迁出狱后任中书令，继续发愤著书，终于在公元前91年完成了中国第一部纪传体通史——《史记》，对后世史学具有深远的影响。

## ● 《史记》

又称《太史公记》，列"二十四史"之首，是中国古代最著名的古代典籍之一，与后来的《汉书》《后汉书》《三国志》合称"前四史"。《史记》记载了上自上古传说中的黄帝时代，下至汉武帝元狩元年（公元前122），共3000多年的历史。司马迁以其"究天人之际，通古今之变，成一家之言"的史实，使《史记》成为中国历史上第一部纪传体通史。全书包括十二本纪（记历代帝王政绩）、三十世家（记诸侯国和汉代诸侯、勋贵兴亡）、七十列传（记重要人物的言行事迹）、十表（记大事年表）、八书（记各种典章制度及礼、乐、音律、历法、天文、封禅、水利、财用），共130篇，总计526500余字。《史记》对后世史学和文学的发展都产生了深远影响。其首创的纪传体编史方法为后来历代"正史"所传承。同时，《史记》还被认为是一部优秀的文学著作，在中国文学史上有重要地位，被鲁迅誉为"史家之绝唱，无韵之离骚"。

## ● 《太初历》

公元前104年，天文学家落下闳、邓平等人制定了《太初历》，规定一年等于365.2502日，一月等于29.53086日；将原来以十月为岁首改为以正月为岁首；开始采用有利于农时的二十四节气；调整了太阳周天与阴历纪月不相合的矛盾。这是中国历法上一个划时代的进步。《太初历》不仅是中国第一部比较完整的历法，也是当时世界上最先进的历法。

## ● 《淮南子》

又名《淮南鸿烈》，是西汉宗室淮南王刘安招致宾客，在其主持下编写的。全书内容庞杂，著录内21篇，外33篇（现存内21篇），内篇论道，外篇杂说。它将道、阴阳、墨、法和部分儒家思想糅合起来，但主要宗旨倾向于道家。

## ● 《公羊传》

亦称《春秋公羊传》《公羊春秋》，是专门解释《春秋》的一部典籍，其释史十分简略，而着重阐释《春秋》所谓的"微言大义"，用问答的方式解经。《公羊传》的体裁特点是，经传合并，传文逐句传述《春秋》经文的大义，与《左传》以记载史实为主不同。《公羊传》是今文经学的重要经籍，历代今文经学家时常用它作为议论政治的工具。同时，它还是研究秦汉儒家思想的重要资料。

## ● 《方言》

《輶轩使者绝代语释别国方言》，简称《方言》，西汉扬雄著，是中国也是世界第一部方言比较词汇集，共13卷，总汇了从先秦到汉代两个时期的方言。秦朝以前，每年8月，政府派遣"**輶轩使者**"（乘坐轻车的使者）到各地搜集方言，并记录整理。扬雄经过27年的搜集整理，写成了这部9000字的著作（今本为12000字，为后人增补）。

## ● 《七略》

是中国第一部综合性的系统反映国家藏书的分类目录，也是中国最早的一部图书分类法，成书于公元前6年，为刘歆根据天禄阁的国家藏

051

书编制而成。《七略》依书的内容性质，分为六略38种，著录603家，共13219卷。《七略》在中国目录学史上具有开创之功，在校勘整理文化古籍的基础上创立了撰写叙录、总序、大序、小序等方法，著录了数以万卷计的图书，实际上是一部古代文化史。

# 东汉（25—220）

### ● 王莽篡位改制

汉哀帝自元寿二年（公元前1）去世后，9岁的汉平帝即位，以王莽为辅政大臣，出任大司马。9年，王莽篡位称帝，改国号为"新"，仿照周朝的制度推行新政，屡次改变币制，更改官制与官名，削夺刘氏贵族的权利，引发豪强的不满。由于他看不起边疆藩属，将其削王为侯，并不断挑起对匈奴和东北、西南各族的战争，导致赋役繁重，刑政苛暴，至23年，为赤眉、绿林军攻入长安时所杀。

### ● 绿林、赤眉起义

由于王莽的残酷压榨，加上一连串的天灾，农民纷纷起义。17年，王匡、王凤受农民拥护被推为首领。二人占领绿林山（今湖北大洪山）为根据地，被称为"绿林军"。王莽派官兵围剿，为绿林军所败。22年，樊崇的起义军也壮大起来。为避免起义兵士跟王莽的兵士混杂，樊崇命其部下将眉毛涂成红色，因此被称为"赤眉军"。绿林、赤眉两支起义大军分别在南方和东方打败王莽军队。

### ● 昆阳之役

23年，王莽派40万军队在昆阳（今河南省叶县）包围了以绿林农民起义军为主体的刘玄汉军。双方兵力十分悬殊，但在太常偏将军刘秀的巧妙指挥下，打败了王莽军主力。昆阳之役，是中国历史上著名的以少胜多、以弱胜强的战例。

### ● 刘　秀

即汉光武帝，东汉王朝的建立者。字文叔，汉景帝后裔，汉高祖九世孙。新朝王莽末年，起兵反对王莽。刘秀以自己的雄才宏略奠定中兴之基，统一天下，定都洛阳，重新恢复汉室政权，为汉朝中兴之主。政治措施以清静俭约为原则，兴建太学，提倡儒术，尊崇节义，为一代贤明的君王。

## ● 光武中兴

25年，刘秀即皇帝位，建立东汉政权。其后，逐步削平各地割据势力。在位期间，采取系列加强皇权和缓和阶级矛盾的政策措施，恢复、发展社会生产。"注意民生，与民休息"之策为：整顿吏治，提倡节俭；简化机构，裁减冗员；薄赋敛，省刑法；偃武修文，不尚边功；抑制豪强，实行度田之政；提倡儒学，表彰气节，传授诸经。种种措施，使东汉初年出现了社会安定、经济恢复、人口增长的局面，缓和了社会危机，因此刘秀统治时期史称光武中兴。

## ● 投笔从戎

汉明帝永平五年（62），班超的兄长班固入京任校书郎，班超遂迁居洛阳。由于家境贫寒，替官府抄写文书维持生计。班超每伏案挥毫，常辍业投笔而叹："大丈夫应该像傅介子、张骞那样，在战场上立功，不可以做抄写小事而浪费生命。"永平十六年（73），窦固奉命攻打匈奴，班超遂从北征，显示出与众不同的才能，多次击败匈奴，后立功西域，封定远侯。

## ● 佛教传入中国

一般认为，佛教是在西汉末年、东汉初年由印度从西域传入的。在中国佛教史上，多以汉明帝永平十年（67），作为佛教传入之年。白马寺成为中国第一座佛寺。《四十二章经》也成为中国第一部汉译佛经。佛教在中国经长期传播发展，形成具有中国民族特色的中国佛教。由于传入的时间、途径不同，民族文化、社会历史背影的不同，中国佛教形成三大系，即汉传佛教、藏传佛教和云南傣族等地区的上座部佛教。

## ● 宦　官

中国古代被阉割后失去性能力而专供皇帝、君主及其家族役使的官员，又称阉官、内官、内侍、内监等。"宦"，星座之名，宦者四星在帝座之西，用以为帝王近幸者的名称。据记载，中国先秦和西汉时期的宦官并非全是阉人，自东汉始，才全部为阉人。

## ● 外　戚

亦称"外家""戚畹"，指帝王的母族、妻族。历史上，帝王年幼时，外戚往往干政擅权，甚至有改朝篡位者。东汉时期，出现外戚、宦官轮流专权局面的原因是多方面的，主要为：东汉加强中央集权的努力走向了反面；东汉时期豪强地主势力的发展，是外戚宦官专权的阶级基础；东汉从中期的和帝开始，皇帝多数夭折，往往是幼主继位，母后临朝。

## ● 豪强地主庄园

东汉政权是在豪强地主支持下建立起来的，豪强地主因此享有政治、经济特权。他们在政治上把持中央和地方政权，经济上兼并土地，经营庄园，渐成割据，逐渐成为名门大族。士族地主（又称世族、门阀地主）在东汉开始形成，为后来魏晋南北朝时期士族制度的确立提供了阶级、经济基础。

## ● 十常侍专权

十常侍指汉灵帝时以张让和赵忠为首的操纵政权的宦官集团。他们都任职中常侍，且横征暴敛，卖官鬻爵，剥削压迫，人称十常侍专权。

## ● 党锢之祸

东汉桓帝、灵帝时，宦官专权，世家大族李膺等联合太学生抨击朝政。166年，宦官将李膺等逮捕，后虽释放，但终身不许做官。灵帝时，外戚解除党禁，欲诛灭宦官，事泄。宦官于169年将李膺等百余人下狱处死，并陆续囚禁、流放、处死数百人。灵帝在宦官挟持下下令凡"党人"的门生、故吏、父子兄弟，都免官禁锢，史称党锢之祸。

## ● 黄巾起义

东汉末年，张角领导的一次有组织、有准备的全国性农民起义。因起义军头戴黄巾为标志，史称黄巾起义。东汉末年，社会危机日益深重，广大农民与豪强地主及封建国家的矛盾激化。黄巾起义正是在农民斗争蓬勃开展的基础上爆发的。

## ● 董卓之乱

东汉末年，地方军阀董卓奉调入朝后实行的暴政。中平六年（189），汉少帝刘辩继位，外戚何进辅政，私召凉州军阀董卓入京。董卓遂率军进入洛阳诛杀大臣，由此势力大盛，得以据兵擅政。他废黜少帝，立陈留王刘协为汉献帝，并自任太尉领前将军事，更封为郿侯，进位相国，独揽军政大权，以致人心恐慌，内外官僚朝不保夕。

## ● 王　充

字仲任，东汉杰出的唯物主义思想家、教育家，其哲学思想可以概括为："天自然无为"——认为天和地都是无意志的自然的物质实体，宇宙万物的运动变化和事物的生成是自然无为的结果；"天不能故生人"——认为天是自然，而人也是自然的产物，社会的政治、道德与自然界的灾难无关；"神灭无鬼"——认为人有生既有死，对于人的精神现象给予了唯物的解释；"今胜于古"——认为今人和古人相"齐"，汉朝比过去进步，反对"奉天法古"的思想。

## ● 班　超

字仲升，东汉著名的军事家、外交家。班超为人有大志，不修细节，但内心孝敬恭谨，亲事勤苦之役，不耻劳辱。他博览群书，口齿辩给，能够权衡大局，审察事理。东汉明、章两帝时，班超以投笔从戎之志，出使西域，以智谋和胆识联合西域众国切断匈奴右臂，使汉朝的社会经济保持了相对的稳定，促进了西域同内地的经济文化交流，为东西方人民的友好往来做出了卓越的贡献。

## ● 班　固

字孟坚，东汉史学家、文学家。继其父所著《史记后传》后私撰汉史，汉明帝阅其稿，赞许有加，授予典校秘书。奉诏完成其父所著，历20余年，修成《汉书》，使之成为中国历史上第一部断代史，在史学上有很高的文学价值。班固善作赋，其《两都赋》，文辞渊雅，脍炙人口，古今传诵。

## ● 窦　固

字孟孙，东汉大臣，好读书，喜兵法。永平十五年（72），窦固因熟悉边事，被封为奉车都尉，屯兵凉州，整军备战。次年，分兵四路征伐北匈奴，军出酒泉，至天山（今新疆吐鲁番西），大败北匈奴呼衍王，斩首千余级，追至蒲类海（今新疆巴里坤湖），留军屯伊吾庐城（今新疆维吾尔自治区哈密市）。此后，窦固派班超出使西域，西域诸国皆归附汉朝。窦固虽久历大位，甚见尊贵，而性谦俭，爱人好施，颇得人心。

● 窦　宪

字伯度，东汉权臣、名将。窦宪性情果急，睚眦之怨莫不报复，在历史上留有劣迹，被公认为东汉外戚专权的祸首，但他对东汉王朝乃至整个中国历史发展的贡献是应当肯定的。作为当时无可争议的优秀将领，他统率汉朝大军，大破北匈奴于稽落山（今蒙古额布根山）和金微山今（阿尔泰山），登燕然山（今蒙古杭爱山），"刻石勒功"，其所奠定的中国北疆新格局，既是东汉光武、明、章三帝的夙愿，也是中国边疆统一和中华民族融合进程中的一个重要环节，还是渴望和平的北方各族人民的共同愿望。

● 张　衡

字平子，东汉时期伟大的天文学家、数学家、发明家、地理学家、制图学家、诗人。为中国天文学、机械技术、地震学的发展做出了不可磨灭的贡献；在数学、地理、绘画和文学等方面，表现出非凡的才能和广博的学识。

张衡是东汉中期浑天说的代表人物之一，他指出月球本身并不发光，月光其实是日光的反射。他还正确解释了月食的成因，并认识到宇宙的无限性和行星运动的快慢与距离地球远近的关系。

张衡观测、记录了2500颗恒星，制造了世界上第一架能比较准确表演天象的漏水转浑天仪、第一架测试地震的仪器——候风地动仪，以及指南车、自动记里鼓车、飞行数里的木鸟等器具。

张衡共著有科学、哲学、文学著作32篇，其中代表作为天文学著作《灵宪》和《灵宪图》。

● 张仲景

名机，字仲景，东汉末年著名医学家，人称"医圣"。张仲景"博通群书，潜乐道术"，"勤求古训，博采众方"，有"医中之圣，方中之祖的赞誉"。张仲景为人敬仰的重要原因之一是，在《伤寒杂病论》中体现的"辨证论治"的重要医学思想，对后世中医学的发展起到了绝对的主导作用，对中医学的发展起了巨大的推动作用，其治疗伤寒热病精、简、直的用药特点，是后世中医学的典范。

## ● 华　佗

字元化，东汉末医学家，与董奉、张仲景被并称为"建安三神医"。华佗高明之处，在于批判地继承前人的学术成果，在总结前人经验的基础上，创立新的学说。他首创用全身麻醉法施行外科手术，被后世尊之为"外科鼻祖"。他熟练地掌握养生、方药、针灸和手术等治疗手段，精通内、外、妇、儿各科，临证施治，诊断精确，用药精当，方法简捷，手术神奇，疗效神速。最为突出的是，他所使用的"麻沸散"是当时世界最早的麻醉剂，开创了全身麻醉手术的先例，在中国医学史上是空前的，在世界医学史上也是罕见的创举。

## ● 蔡　伦

字敬仲，汉和帝时，入宫做皇帝的侍从，后升任"尚方令"，负责管理皇室工厂监造。东汉和帝元兴元年（105），蔡伦在总结前人制造丝织品经验的基础上，以树皮、破鱼网、破布、麻头等为原材料，制造出适合书写的植物纤维纸，由此成为普遍使用的书写材质，也成为中国古代四大发明之一。

## ● 《汉书》

又称《前汉书》，为东汉时期历史学家班固编撰，是中国第一部纪传体断代史，也是继《史记》之后中国古代又一部重要史书，与《史记》《后汉书》《三国志》并称为"前四史"。《汉书》主要记述了上起西汉的汉高祖元年（公元前206），下至新朝的王莽地皇四年（23），共230年的史事，包括纪12篇、表8篇、志10篇、传70篇，后人划分为120卷，总计80万字。《汉书》的语言庄严工整，多用排偶、古字古词，遣词造句典雅远奥，与《史记》平畅的口语化文字形成了鲜明的对照。

## ● 《说文解字》

中国第一部按部首编排的字典，简称《说文》，为东汉经学家、文字学家许慎所著。许慎根据文字的形体，创立540个部首，将9353字分别归入540部。540部又据形系归并为14大类。正文就按这14大类分为14卷，另加序目1卷，共计15卷。《说文解字》开创了部首检字的先河，后世的字典大多采用这种方式。许慎在《说文解字》中对汉字的造字规律——"六书"做了全面系统的解释。从此，"六书"成为专门之学。

● 《论衡》

为东汉王充所作，现存文章85篇。东汉时期，儒家思想占支配地位，但与春秋战国时期不同的是，其带有神秘主义色彩，掺进谶纬学说，将儒学变成"儒术"。王充写作《论衡》一书，就是针对这种儒术和神秘主义的谶纬说进行批判。《论衡》细说微论，解释世俗之疑，辨照是非之理，即以"实"为根据，疾虚妄之言。"衡"字本义是天平，《论衡》就是评定当时言论的价值的天平，因此是古代一部不朽的唯物主义哲学文献。

● 《周髀算经》

原名《周髀》，是中国流传至今的一部最早的数学著作，同时也是一部天文学著作。《周髀算经》在数学上的主要成就是介绍了勾股定理及其在测量上的应用，在天文学上则主要阐明当时的盖天说和四分历法。

● 《九章算术》

是中国古代数学专著，是算经十书中最重要的一种。该书内容十分丰富，系统总结了战国、秦、汉时期的数学成就。同时，《九章算术》在数学上有其独到的成就，不仅最早提到分数问题，也首先记录了盈不足等问题，在"方程章"中还首次阐述了负数及其加减运算法则。

● 《伤寒杂病论》

在这部著作中，张仲景创造了3个世界第一：首次记载了人工呼吸、药物灌肠和胆道蛔虫的治疗方法。《伤寒杂病论》是中国最早的理论联系实际的临床诊疗专书，被公认为中国医学方书的鼻祖，并被学术界誉为讲究辨证论治而又自成一家的最有影响的临床经典著作，形成了中医学术史上甚为辉煌独特的伤寒学派。书中所列药方，大都配伍精当，有不少已被现代科学证实。《伤寒杂病论》是后世业医者必修的经典著作，至今仍是中国中医院校开设的主要基础课程之一。

## ● 《两都赋》

赋篇名，为东汉班固作，分《西都赋》《东都赋》两篇。《西都赋》由假想人物西都宾客叙述长安地势险要、物产富蔗、宫廷华丽等情况，以暗示建都长安的优越性；《东都赋》则由另一假想人物东都主人对东汉建都洛阳后的各种政治措施进行美化和歌颂，意谓洛阳当日的盛况。

## ● 汉　赋

是在汉代涌现出的一种有韵的散文，特点是散韵结合，专事铺叙。从赋的形式上看，在于"铺采擒文"；从赋的内容上说，侧重"体物写志"。汉赋的内容可分为5类：渲染宫殿城市、描写帝王游猎、叙述旅行经历、抒发不遇之情、杂谈禽兽草木。

## ● 乐府诗

继《诗经》《楚辞》之后，在汉魏六朝文学史上出现一种能够配乐歌唱的新诗体，叫作乐府。汉代乐府诗，除了将文人歌功颂德的诗制成曲谱并制作、演奏新的歌舞外，又收集民间的歌辞入乐。乐府诗是中华民族优秀文化遗产的一个有机组成部分。

## ● 百戏兴起

百戏是古代乐舞杂技表演的统称，起源于民间，由古老的宗教仪式发展而来。秦汉时已有，汉代称"角抵戏"。东汉时，无论是宫廷中的庆典，还是民间节日，尤其是庄园内的宴乐聚会，都少不了百戏的表演助兴。百戏表演时，往往数百人同台演出，载歌载舞，场面热烈。

## ● 豪右与门阀

豪右指豪门大族。汉以右为上，故称豪右。门阀是门第和阀阅相结合的称谓，指封建社会中有权势的家庭、家族。东汉时期，许多人依赖于被荐举。有些保门世家，甚至形成门生故吏遍天下的巨大团体。被高门压抑的中下级士族为突破门阀的限制，取得富贵，往往投靠诸王公、外戚和少数族酋豪。

● 露　布

汉代皇帝制书用玺封，且赦令、赎令均露版以宣众，称为露布，也称露版、露板；公代臣民上书于君主，不缄封的文书称为露布。具体地讲，不缄封的文书，军旅文书（包括征讨檄文和告捷文书），布告、通告之类的文书，统称为露布。

# 纷争鼎立的三国

## （220—280）

## 魏（220—265）

### ● 挟天子以令诸侯

196年，被董卓劫持到西安的汉献帝历尽千辛万苦回到都城洛阳。此时的洛阳已是破败不堪，皇帝和百官的饮食起居甚至形同乞丐。曹操在得知这一消息后，果断地采纳"奉天子以令不臣，修耕植以畜军资"的建议，将皇帝从洛阳接到自己的根据地许县，并将许县改为许都。曹操借以天子的名义向各诸侯发号施令，掌握了巨大的政治优势。此后，反对曹操的人将"奉天子以令不臣"改称为"挟天子以令诸侯"。

### ● 屯田制

自古有之，并非曹操首创，但曹魏屯田的规模和作用之大却是空前绝后的。近代史家把曹魏屯田分为军屯和民屯，二者都是战争时期的产物，为供应军粮而兴办，必要时参加民屯的劳力同样需执戈对敌。不同之处在于，屯田农民主要从事农垦生产，而军士以攻防为主。从时间来看，民屯始于建安元年（196），军屯始于建安之末。

### ● 租调制

曹操进驻冀州后颁行租调制，对土地所有者（包括自耕农和地主），每亩土地征收田租谷4升，每户征收户调绢2匹、绵2斤。租调取代汉代沉重的人头税，对农民有好处，也有利于大族豪强庇荫佃客。曹操下令加大对豪强兼并行为的惩罚，但事实上难以阻止。

## ● 九品中正制

是一种重要的官吏选拔制度，又名九品官人法，分为9个等级，作为政府选用官吏的依据。九品中正制一直是保护士族世袭政治特权的官僚选拔制度。起初，这一制度致力于解决朝廷选官和乡里清议的统一问题，是对汉代选官传统的延续，也是对曹操用人政策的继承。但到魏晋之交，因大小中正官均被各个州郡的"著姓士族"所垄断，他们在评定品级时，偏袒士族人物，九品的划分已经背离了"不计门第"的原则。

## ● 官渡之战

是汉末乃至中国史上有名的以少胜多的战役，也是曹操与袁绍争夺北方霸权的转折点，对于三国历史的发展有着极其重要的影响。官渡一战之后，曹操终于一反之前对袁绍的劣势，为自己统一北方奠定了基础。袁曹间的兼并战争，虽属于封建割据势力之间的争斗，但为当时中国北部逐步由分裂走向统一、实现地区性的和平提供了条件，客观上符合人民的愿望。

## ● 曹　操

字孟德，东汉末年杰出的政治家、军事家、文学家、诗人。政治军事方面，曹操消灭了众多割据势力，统一了中国北方大部分区域，并实行一系列政策恢复经济生产和社会秩序，奠定了曹魏立国的基础。曹魏建立后，曹操被尊为"武皇帝"。文学方面，在曹操父子的推动下形成了以"三曹"（曹操、曹丕、曹植）为代表的建安文学，史称"建安风骨"，在文学史上留下了光辉的一笔。

## ● 曹　丕

字子桓，三国时期著名的政治家、文学家，魏朝的开国皇帝，也是三国时期第一个称皇帝的君主。曹丕坚持大权独揽，设立中书省，机要之权渐移于中书省。这些措施体现了他在政治上的才能，然而在军事能力上远不如其父曹操，但曹丕在位期间开拓疆域，这是其重要的建树。曹丕爱好文学，并有相当高的成就，所著《典论·论文》，在中国文学批评史上占有重要地位。

## ● 曹植与七步诗

曹植，字子建。由于其兄长曹丕继魏王位，曹植的生活发生根本性变化。诗歌是曹植文学活动的主要领域，特别是在五言诗的创作上贡献尤大，他将抒情和叙事有机地结合起来，使五言诗既能描写复杂的事态变化，又能表达曲折的心理感受，大大丰富了它的艺术功能。曹植作为建安文学的集大成者，对于后世影响很大。

## ● 曹冲称象

曹冲，字仓舒，由于聪明仁爱、与众不同，深受其父曹操喜爱。曹冲至五六岁，智意所及，有若成人之智。时孙权曾致巨象，太祖（曹操）欲知其斤重，访之群下，皆莫能出其理。冲曰："置象大船之上，而刻其水痕所至，称物以载之，则校可知矣。"太祖悦，即施行焉。

## ● 司马懿

字仲达，三国时期魏国杰出的政治家、军事家，西晋王朝的奠基人，是辅佐了魏国三代的托孤辅政重臣，后期成为全权掌控魏国朝政的权臣。平生最显著的功绩是多次亲率大军成功对抗诸葛亮的北伐。

## ● 蔡文姬

名琰，字昭姬，为避司马昭的讳，改为文姬。东汉大文学家蔡邕之女，是中国历史上著名的才女和文学家。东汉末年，蔡文姬被掳到南匈奴，嫁给左贤王，饱尝了异族异乡异俗生活的痛苦。12年后，曹操统一北方，想到恩师蔡邕对自己的教诲，用重金赎回了蔡文姬。文姬归汉后，留下了动人心魄的《胡笳十八拍》和《悲愤诗》。《悲愤诗》是中国诗歌史上第一首自传体的五言长篇叙事诗。

## ● 建安七子

建安年间（196—220）7位文学家的合称，他们是：孔融、陈琳、王粲、徐干、阮瑀、应玚、刘桢。这7人大体上代表了建安时期的优秀墨客，所以有"七子"之说，"七子"中除孔融与曹操政见不合外，其余六家虽然各自经历不同，但都亲身经历过汉末离乱之苦，后来投奔曹操，故他们的诗风与曹氏父子有许多共同之处。

## ● 竹林七贤

魏晋时期7位名士的合称，成名年代较建安七子晚一些，他们是嵇康、阮籍、山涛、向秀、刘伶、王戎及阮咸。7人常聚在山阳县（今河南修武一带）竹林之下，肆意酣畅，世谓竹林七贤。7人的政治思想和生活态度不同于建安七子，大都"弃经典而尚老庄，蔑礼法而崇放达"。政治上，嵇康、阮籍、刘伶对司马氏持不合作态度，嵇康因此被杀。山涛、王戎则先后投靠司马氏，历任高官。竹林七贤的不合作态度为司马朝廷所不容，最后各散西东。

## ● 孔融让梨

孔融，字文举，孔子二十世孙，融七岁时，值祖父六十寿诞，宾客盈门。一盘酥梨，置于寿台之上，母令融分之。融遂按长幼次序而分，各得其所，唯己所得甚小。父奇之，问曰："他人得梨巨，唯己独小，何故？"融从容对曰："树有高低，人有老幼，尊老敬长，为人之道也！"父大喜。

## ● 玄学兴起

魏晋玄学的产生有其深刻的社会背景和思想文化背景。简言之，它是在汉代儒学衰落的基础上，为弥补儒学之不足而产生的；是由汉代道家思想、黄老之学演变发展而来的；是汉末魏初的清谈直接演化的产物；是道家和儒家融合而出现的一种哲学、文化思潮。魏晋之际的玄学含义指立言与行事两个方面，并多以立言玄妙，行事雅远为玄远旷达。

## ● 宗族制度

魏晋南北朝时期的宗族组织是整个中国历史上最强盛的。从结构上看，分为皇室宗族、士族宗族、寒门宗族。皇室宗族拥有最大的政治经济特权，但是由于皇权的更替不断，使其影响受到限制。寒门宗族由于缺乏政治权势，影响较小。士族宗族拥有强盛的政治、经济、军事实力，处于社会的支配地位。在宗族制度影响下，社会上呈现重门第、轻才德、重宗族、轻个人的观念。

# 蜀（221—263）

## ● 桃园结义

东汉末年，朝政腐败，灾荒连年，人民生活困苦。刘备有意拯救百姓，张飞、关羽又愿与刘备共同干一番事业。三人情投意合，选定张飞庄园后的一桃园来结义。此时正值桃花盛开，景色美丽。三人焚香礼拜，歃血宣誓后，按年岁认了兄弟，刘备最长，关羽次之、张飞为幼。

## ● 刘　备

字玄德，三国时期蜀汉开国皇帝，三国时期的政治家。汉灵帝末年，因起兵讨伐黄巾军有功而登上汉末政治舞台。三顾茅庐始得诸葛亮辅佐。208年，与孙权、周瑜等大胜曹操于赤壁，其后得到荆州五郡，后又夺取益州。夺取汉中击退曹操后，刘备于219年自立为汉中王。221年，刘备于成都即皇帝位，年号章武，后人尊称刘备为先主。

## ● 关　羽

字云长，东汉末年刘备麾下著名将领，为蜀汉五虎上将之首，被后来的统治者崇为"武圣"，曾任蜀汉政权前将军，爵至汉寿亭侯。历来是民间崇祀的对象，被世人奉为"关圣帝君"，尊为"关公"。

## ● 张　飞

字翼德，蜀汉的重要将领，五虎上将之一，被封为右将军、车骑将军。在长坂坡当阳桥一声吼，吓退曹操5000精骑。刘备称汉中王后，拜为右将军；称帝后，拜为车骑将军，封西乡侯。

## ● 三顾茅庐

汉末，黄巾事起，天下大乱，曹操坐据朝廷，孙权拥兵东吴。汉宗室刘备听说诸葛亮很有学识，又有才能，就和关羽、张飞到隆中（今河南南阳城西）卧龙岗三请诸葛亮出山辅佐。诸葛亮见刘备有志替国做事，而且诚恳地请其帮助，遂下定决心全力协佐刘备建立蜀汉政权。

## ● 诸葛亮

字孔明，号卧龙，三国时杰出政治家、军事家、战略家、散文家、外交家。诸葛亮娴熟韬略，多谋善断，长于巧思，曾革新"连弩"——可同时发10箭；做"木牛""流马"——便于山地军事运输；推演兵法——制"八阵图"。诸葛亮的主要著作有《前出师表》《后出师表》《隆中对》等，共24篇，10万余字。千百年来，诸葛亮成为智慧的化身，其传奇性故事为世人传诵。

## ● 《隆中对》

建安十二年（207），刘备三顾茅庐，会见诸葛亮，问统一天下大计。诸葛亮精辟地分析了当时的形势，提出了首先夺取荆、益二州作为根据地，对内改革政治，对外联合孙权，南抚夷越，西和诸戎，等待时机，两路出兵北伐，从而统一全国的战略思想，这次谈话的内容即是《隆中对》。

## ● 《出师表》

建兴五年，蜀汉已从刘备殂亡的震荡中恢复过来，外结孙吴，内定南中，励清吏政，兵精粮足。诸葛亮认为已有能力北伐中原，实现刘备匡复汉室的遗愿，遂决意率军北进征伐曹魏。临行前，诸葛亮上书后主刘禅，强调是为报答先帝的知遇之恩和临终托付，以"讨贼兴复"作为职责，并规劝后主采纳忠言，和辑臣吏，励志自振，专心致于北伐大业。此文情感真挚，文笔酣畅，是古代散文中的杰出作品。

## ● 《后出师表》

诸葛亮第一次北伐失利，引咎责躬，厉兵讲武。当孙权破曹休，魏兵东下，关中虚弱之时，他上此表请求再次伐魏。因其第一次北伐时有一篇《出师表》，所以此次上书之表被称为《后出师表》。

## ● 八阵图

诸葛亮吸收了井田和道家八卦的排列组合，兼容了天文地理，而创制的一种推演兵法之用的战斗队形及兵力部署图，是古代战争中不可多得的作战阵法。八阵图分别以天、地、风、云、龙、虎、鸟、蛇命名，加上中军共是9个大阵。中军由16个小阵组成，周围八阵则各以6个小阵组成，共计64个小阵。

## ● 木牛流马

《三国志·后主传》记载："建兴九年，亮复出祁山，以木牛运，粮尽退军；十二年春，亮悉大众由斜谷出，以流马运，据武功五丈原，与司马宣王对于渭南。"上述记载明确指出，木牛流马确实是诸葛亮的发明，而且木牛流马分别是两种不同的工具，从木牛流马使用的时间顺序来看，先有木牛，后有流马，流马是木牛的改进版。一般认为，三国时利用齿轮制作机械已为常见，后世所推崇的木牛流马，应该是一种运用齿轮原理制作的自动运输机械。

## ● 空城计

三国时期，魏国派司马懿进攻蜀国街亭，蜀将马谡驻守失败。司马懿率兵乘胜直逼西城，诸葛亮无兵迎敌，但沉着镇定，大开城门，自己在城楼上抚琴吟唱。司马懿疑有埋伏，引兵退去。待得知是空城回去再战时，赵云赶回解围，终胜司马懿。

## ● 借东风

正史上诸葛亮并没有参与赤壁之战，也没有呼风唤雨之能，指挥赤壁之战的是周瑜。东风是长江上的一种自然现象，长期操练水军的周瑜和黄盖对什么时候起东风非常清楚，他们适时地抓住这一战机击败曹军。另外，周瑜心胸也非常宽广，与演义描写完全不同。

## ● 草船借箭

建安十八年（213），曹操与孙权对垒濡须（今安徽巢县西巢湖入长江的一段水道）。初次交战，曹军大败，坚守不出。一天，孙权借江面有薄雾，乘轻舟从濡须口闯入曹军前沿，观察其部署。孙权的轻舟行进五六里，并鼓乐齐鸣，因曹操生性多疑，见孙军整肃威武，恐有诈，不敢出战，喟然叹曰："生子当如孙仲谋。"随后，曹操下令弓弩齐发击吴船。孙权的轻舟因一侧中箭太多，船身倾斜，孙权下令调转船头，使另一侧再受箭。一会儿，箭均船平，安全返航，曹操这才明白自己上当了。由此可见，"草船借箭"的不是诸葛亮，而是孙权，并且这件事发生在赤壁之战后的5年。

## ● 五虎上将

指《三国演义》中，蜀汉刘备麾下的五员猛将，分别是：关羽、张飞、赵云、马超、黄忠。原文描写为"五虎大将"，后人惯称"五虎上将"。关于五虎上将的排序，在原版的《三国志通俗演义》（第240回）中，排名顺序为：关、张、马、黄、赵，后来清代的毛宗岗、毛纶父子改编演义后，变为关、张、赵、马、黄。现在最为流行的《三国演义（第120回）》的版本就是经过毛氏父子改编的演义。

## ● 水淹七军

关羽进攻樊城，见襄江水势凶猛，水淹七军之计油然而生。水淹七军是由于汉水突然上涨所致，魏军则是遭受了自然灾害，并不是关羽有预谋的决堰所致。当然，关羽多年镇守荆州，熟悉江汉一带的地理、气候、水文等情况，在高处扎营，避免了水患，又利用汉水暴涨的时机消灭了敌人。从这个角度看，双方的胜负也并非完全取决于天灾，也包含着人谋的作用，也是一名军事指挥者的主观能动性问题。

## ● 乐不思蜀

蜀后主刘禅投降后被送到洛阳，司马昭设宴款待，先以魏乐舞戏于前，蜀官伤感，独有后主有喜色。司马昭令蜀人扮蜀乐于前，蜀官尽皆堕泪，后主嬉笑自若。酒至半酣，司马昭谓贾充曰："人之常情，乃至于此！虽诸葛孔明在，亦不能辅之久全，何况姜维乎？"乃问后主曰："颇思蜀否？"后主曰："此间乐，不思蜀也。"

人们常把乐以忘返或乐而忘本，无故国故土之思，称为乐不思蜀。

# 吴（222—280）

## ● 孙策定江东

孙策，字伯符，孙权长兄，杰出军事家，汉末群雄之一，绰号"小霸王"。孙策有勇有谋，在政见上更有远虑，从某种程度上说，孙策能够占据江东，与他礼贤下士，善于用人大有关系。一是重用旧臣，任人不疑；二是不计前嫌，重用祖郎、太史慈等降将；三是抚视孤寡，不欺弱者；四是兴王伐夷，横扫江东；五是调虎离山，上兵伐谋；六是知人善任，化敌为友。

## ● 孙　权

字仲谋，三国时期吴国的开国皇帝，卓越的政治家，中国兵法家孙子后裔。229年，孙权于武昌登基为皇帝，建国号大吴（今湖北鄂城）。称帝后，孙权曾大规模派人航海，加强对夷州（今台湾省）的联系，又设置农官，实行屯田，并在山越地区设立郡县，促进了江南土地的开发。然而，称帝后的孙权日益骄奢，且赋役繁重，刑罚残酷，人民经常起义反抗。

## ● 袁　绍

字本初，东汉末年群雄之一，官至大将军、太尉，封邺侯。建安四年（199），袁绍已据黄河下游四州，领众数十万，成为当时东汉势力最强的一方诸侯，且为中国黄河以北地区实际统治者。但是，袁绍外表宽容，内心猜忌，喜好谋略而不能决断，有人才而不能用，听到好的计谋而不能采纳，最终袁氏灭亡，非聪明不够，而是团结不易。

## ● 周　瑜

字公瑾，东汉末年东吴集团将领、军事家。周瑜多谋善断，心胸宽广，忠君爱国。建安十三年（208），在赤壁之战中大败曹军，奠定了三分天下的基础。后图进中原，不幸因病逝于巴丘（今湖南岳阳市），年仅36岁。

## ● 赤壁之战

三国形成时期，孙权、刘备联军于汉献帝建安十三年（208）在长江赤壁（今湖北蒲圻西北，一说今嘉鱼东北）一带大败曹操军队，奠定三国鼎立基础的著名战役。

战前曹操的优势是非常明显的：其一，曹操"奉天子以令不臣"；其二，曹操以新胜之军南下，其气自盛；其三，曹操兵力数倍于孙、刘两家。曹操具有如此的优势，所以令孙刘联军的战绩更显辉煌。此战，孙刘联军扬水战之长，巧施火攻，是中国历史上以少胜多的著名战例。在曹操兵败赤壁后，传统的史学家强调是其轻敌骄傲思想所致。

## ● 吕蒙袭取荆州

吕蒙，字子明，三国时东吴名将。建安二十四年（219），孙权拜吕蒙为大都督，总领江东军马袭取荆州。吕蒙选精兵扮作商人，皆白衣，摇橹西上，昼夜行进，直抵江边蜀军烽火台。蜀军大意，让伪装的吴船泊岸避风。吴军齐出，将守军尽擒，于是吴军长驱直入，悄然到达荆州，里应外合袭取了荆州。由此，孙权尽收荆襄之地，但破坏了吴蜀联盟。

## ● 夷陵之战

又称彝陵之战、猇亭之战，是三国时期吴国与蜀汉为争夺战略要地荆州八郡而进行的一场战争，也是中国古代战争史上一次著名的积极防御的成功战例。

荆州之战，关羽被孙权杀害，破坏了诸葛亮的隆中战略，使刘备不具备统一的条件，刘备若想灭曹魏或者灭孙吴，必须夺回荆州。在蜀国没有做好准备的情况下，刘备倾全国之力，攻打吴国，为关羽报仇。孙权在几次求和都未果的情况下，只好派出年轻的陆逊为都督，前去阻挡。双方在几次交锋中各有胜负。陆逊则采取防守的战略，坚守不出。这一战略打乱了刘备速战速决的计划。由于蜀军驻扎于丘陵之间，运粮十分不方便，加之天气十分闷热，致使蜀军士气低落。刘备遂命令士兵驻守于树林茂密之处，且将营地连营驻守。陆逊认为时机成熟，发动了袭击，火烧连营700里，击败了蜀军。蜀军败退后，国力迅速衰退。

# 征伐一统的两晋

## （265—420）

## 西晋（265—317）

### ● 司马炎称帝

司马炎，字安世，晋朝的开国君主。265年，司马炎继承司马昭相国、晋王之位，后逼迫魏元帝曹奂禅让，即位为晋武帝，国号晋。280年，孙吴灭亡，自从黄巾之乱以来的分裂局势暂时获得统一。司马炎称帝后，便将州郡的守卫兵撤除，同时实施占田法与课田法，试图与民生息。晋武帝是继承司马懿、司马师、司马昭三代的基业而称帝的，但并非英明之君，罢废州郡武装、大肆分封宗室、允许诸王自选长吏和按等置军与无法处理少数民族内迁问题，为日后八王之乱与永嘉之乱埋下祸根。

### ● 门阀制度

封建等级制中的一种特殊形式，形成于东汉，魏晋南北朝时盛行。东汉建立者刘秀，建国后大封功臣，造就了第一批的豪门贵族。三国时期是门阀制度发展时期。魏国的选拔人才制度九品中正制度促成了一个现象，即统治阶级完全被大地主、大豪强所控制。

### ● 石王斗富

西晋的统治阶级享有政治、经济等特权，他们广置财货，骄奢淫逸，竞相炫耀。晋武帝的舅父王恺和荆州刺史石崇经常以斗富为乐，浪费了大量的财富。王恺以饴糖水洗锅，石崇就用蜡烛代柴，石崇用椒泥涂屋，王恺就用赤石脂泥做墙。西晋的门阀士族糜烂腐化，从而使得阶级矛盾迅速激化，并造成了西晋末年的天下大乱。

## ● 八王之乱

西晋时期一场为争夺中央政权而引发的皇族动乱，历时16年之久（291—306）。战乱参与者主要有汝南王司马亮、楚王司马玮、赵王司马伦、齐王司马冏、长沙王司马乂、成都王司马颖、河间王司马颙、东海王司马越等八王。西晋皇族中参与这场动乱的王不只八个，但八王为主要参与者，且《晋书》将八王汇为一列传，故史称八王之乱。

## ● 永嘉之乱

西晋刘渊受晋封为汉光乡侯，起兵反晋后自称汉王，永嘉二年（308）正式称帝。刘渊死后，其子刘聪继位。次年，刘聪命军队攻晋，在平城（今河南鹿邑西南）歼灭10万晋军，又杀太尉王衍及诸王公。永嘉五年（311），匈奴攻陷西晋京师洛阳，俘虏晋怀帝，纵兵烧掠，杀王公士民3万余人，史称永嘉之乱。

## ● 侨　置

东晋初年，北方人口大量南迁。东晋南朝政权利用侨寄的方法，设立侨州、侨郡和侨县，以安置北方南迁的移民。在流民聚居之地，按流民原籍之州、郡、县的名称设立临时性地方行政机构，进行登记和管理，并以流民中的大族担任刺史、太守和县令。侨州郡县原意是寄寓，并无实土，侨州郡县的户籍亦属于临时性质，注籍者可享受免除徭役的优待。由于侨州郡、县数目繁多，所以在行政管理上造成诸多不便，统属十分混乱，行政区划亦十分混乱。侨置一方面使控制人口变为合法，另一方面也稳定了统治秩序。

## ● 西晋分封制

西晋吸取曹魏政权被异姓篡位的教训，实行分封制。泰始元年（265），分封宗室27个王：1个叔祖父，6个亲叔叔，3个亲兄弟，17个同族的叔伯和兄弟。几年以后，又陆续增封。前后共有57个王。诸王以郡为国，规定大国有民户2万，置上中下三军，功5000人；次国民户1万，置上下二军，共3000人；小国民户5000以下，置一军，1500人。同时，大封功臣和异姓世家大族为公侯，一次就封500多人。这些人在西晋形成一个庞大的贵族地主阶级。

## ● 陈寿与《三国志》

陈寿，字承祚，在蜀汉时曾任卫将军主簿、东观秘书郎、观阁令史、散骑黄门侍郎等职。入晋以后，历任著作郎、长平太守、治书侍御史等职。280年，晋灭东吴，结束了分裂局面，陈寿开始撰写《三国志》。《三国志》是一部记载魏、蜀、吴三国鼎立时期的纪传体国别史。其中，《魏书》30卷、《蜀书》15卷、《吴书》20卷，共65卷，记载了从魏文帝黄初元年（220），到晋武帝太康元年（280）60年的历史。陈寿是晋臣，晋是承魏而有天下的，所以《三国志》便尊魏为正统。在《魏书》中，为曹操写了本纪，而《蜀书》和《吴书》则只有传，没有纪。记刘备则为《先主传》，记孙权则称《吴主传》。这是编史书为政治服务的一个例子，也是《三国志》的一个特点。

## ● 洛阳纸贵

晋代左思作《齐都赋》一年始成。复以十年之久，作《三都赋》。在其舍中院内，以及茅厕皆置纸笔，偶得佳句，当即录之。其赋成后，仍未获士人青睐。左思自认其作不逊于汉时班固与张衡，恐一人之褒贬而遭埋没。便请文学家张华过目，张华阅后，认为佳作，可媲美班固、张衡之文。复请教当时名士皇甫谧，谧观后欣然为之作序，自此名声大噪。由于都城洛阳权贵之家，皆争相传抄《三都赋》，遂使纸价上扬，为此而贵。

# 东晋(317—420)

## ● 永嘉南渡

永嘉是晋怀帝司马炽的年号。在永嘉之前，中原地区曾发生过长达16年的八王之乱，这次叛乱直接招致了永嘉时期的民族斗争。永嘉四年（310），刘曜攻陷洛阳，纵兵大肆屠杀焚掠，洛阳化为灰烬。此种情况下，晋朝的官民实在无法忍受，便大量南逃，史称永嘉南渡。

## ● 五胡十六国

简称十六国，是中国历史上的一段时期。该时期自304年李雄和刘渊分别在蜀地建立成国（成汉）、在中原建立汉赵（后称前赵）时起，至439年北魏拓跋焘（太武帝）灭北凉为止。范围大致上涵盖华北、蜀地、辽东，最远可达漠北、江淮及西域。在入主中原众多民族中，以匈奴、羯、鲜卑、羌、氐为主，统称五胡。他们在这个范围内相继建立许多国家，北魏史学家崔浩取其中16个国家来代表这段时期，称这时期为五胡十六国。

## ● 祖逖北伐

祖逖，字士雅，东晋名将，民族英雄，东晋初有志于恢复中原而致力北伐的大将。西晋末年洛阳沦陷后，祖逖率领亲族乡党数百家避乱南下。祖逖不甘故国倾覆，恒存振复之心，主动请缨，要求领兵北伐。建兴元年（313），祖逖带领旧部数百人毅然渡江，屯于淮阴，一面铸造兵器，一面招募士兵，组建了一支2000人的队伍，然后挥师北上。祖逖精于用兵，又善利用矛盾分化敌人，化敌为友。经过4年多的苦战，祖逖率领的北伐军收复了黄河以南的大片失地。祖逖北伐不计成败利钝，生死以之，以攻为守，保障了东晋偏安。他以其节烈丰富了民族精神，是东晋北伐的最高典型，与后来以北伐增益个人威望和门户权势者大相径庭。

## ● 桓温北伐

桓温，字符子，东晋大臣，一度执掌东晋朝政，曾三次北伐。永和十年（354），桓温第一次北伐前秦，亲率步骑4万余人，在陕西蓝田击破氐族苻坚军队数万人，进驻霸上（长安东面），由于晋军粮秣不继，被迫撤返。永和十二年（356），桓温第二次北伐，击败羌族姚襄，收复洛阳。桓温建议迁都洛阳，又建议南迁的士族返乡，但遭到达官贵人激烈反对，洛阳落入前燕之手。太和四年（369），桓温为了树立更高的威望，决定率步骑5万北伐前燕，一路势如破竹。由于军中绝粮，又闻前秦援兵将至，遂烧船、弃甲，自陆道撤回。

## ● 淝水之战

中国历史上著名的以少胜多的战例。东晋时，北方各少数民族政权纷争迭起。前秦皇帝苻坚欲荡平偏安江南的东晋，统一南北。东晋王朝在危急关头，以丞相谢安为首的主战派决意奋起抵御，以有较强战斗力的8万"北府兵"沿淮河西上，迎击前秦军主力，在淝水之上，八公山之下，取得胜利。

淝水之战，使得东晋王朝的统治得到了稳定，有效地遏制了北方少数民族贵族南下侵扰，为江南地区社会经济的恢复和发展提供了必要的契机。从长期看，使得流落到南方的汉族中原文化得以延续和发展。

## ● 桓玄之乱

桓玄，字敬道，东晋末期桓楚国建立者。元兴二年（403年），桓玄加授相国，封楚王，封地有十郡，准备篡位。其后，东晋安帝献上国玺，禅位于桓玄，其正式称帝，国号楚。桓玄即帝位后，好行小惠以笼络人心，如亲自审讯囚犯，不管罪刑轻重，多予释放；遇拦御驾喊冤者，通常也给予救济，然而其为政繁琐苛刻，又喜欢炫耀自己，好游玩打猎、兴筑宫殿，因此人心思变。

## ● 刘裕北伐

在东晋历史上，曾有许多人率军北伐，但并非像他们声称的那样要收复失地，光复中原。除了祖逖、谢安是毫无私心之外，像桓温、刘裕等人，实际上都是把北伐当成扩大自己势力、趁机获取篡夺帝位的政治资本。409年，南燕侵扰淮北，刘裕上书皇帝，要求北伐，获得朝廷批准后，他迅速出兵，攻占长安。自匈奴占领长安已经有1个世纪，长安的百姓再次看到晋军，欣喜不已，希望刘裕能乘胜前进，收复北方的广大领土。但刘裕却惦记皇帝的宝座，遂结束北伐，离开长安返回建康了。

## ● 谢玄北府兵

东晋孝武帝初年谢玄组建训练的一支精锐军队。太元二年（377），朝廷因前秦强大，诏求文武良将镇御北方。其时谢安当国，以兄子谢玄应举。朝廷拜玄建武将军、兖州刺史，领广陵相，监江北诸军事，镇广陵。徐（京口）、兖（广陵）二州本是北来侨民的集中地，"人多劲悍"，富于战斗经验，谢玄遂召募劲勇，徐、兖人民纷纷应募入伍，谢玄常率其精锐为前锋，战无不捷，威震敌胆。太元四年，谢玄加领徐州刺史，镇京口。东晋称京口为北府，所以称这支军队为北府兵。这支军队建立不久后，抗御前秦屡立战功。

## ● 王羲之

字逸少，号澹斋，东晋书法家，历任秘书郎、宁远将军、江州刺史，后为会稽内史，领右将军，人称"王右军""王会稽"。王羲之兼善隶、草、楷、行各体，精研体势，心摹手追，广采众长，备精诸体，冶于一炉，摆脱了汉魏笔风，自成一家，影响深远。其书法平和自然，笔势委婉含蓄，遒美健秀，后人评曰："飘若游云，矫若惊龙""龙跳天门，虎卧凰阁""天质自然，丰神盖代"，被后人誉为"书圣"。王羲之代表作品有：楷书《黄庭经》《乐毅论》，草书《十七帖》，行书《兰亭集序》《姨母帖》《快雪时晴帖》等。其中，《兰亭集序》为历代书家所敬仰，被誉为"天下第一行书"。

## ● 陶渊明

字元亮，别号五柳先生，东晋末期南朝宋初期诗人、文学家、辞赋家、散文家。做过几年小官，后辞官回家，从此隐居，田园生活是陶渊明诗的主要题材，因此后世文学史上称其为"田园诗人"。陶渊明长于诗文辞赋，其诗多描绘自然景色及乡村生活情景，寄寓着对官场与世俗社会的厌倦，表露出洁身自好、不愿屈身逢迎的志趣，但也有宣扬"人生无常""乐安天命"等消极思想。其艺术特色，兼有平淡于爽朗之胜，语言质朴自然，而又极为精炼，具有独特风格。

## ● 士　族

魏晋南北朝时期地主阶级中部分享有政治、经济特权的家族所构成的一个特殊阶级。东汉世家豪族发展的延续是士族的渊源，而魏晋统治阶级的政策是导致士族形成的直接原因。东晋政权是司马睿倚仗琅邪王氏之王导、王敦等的策划和支持建立起来的，故谚称"王与（司）马，共天下"。其后，门阀士族颍川庾氏、谯国桓氏、陈郡谢氏等轮流执政，而形成庾与马、桓与马、谢与马共天下之局。这时，士族势力与皇权平行甚至超越皇权，皇权政治演化成门阀政治。士族为维护自身利益，故修撰族谱，禁止与非士族的寒门联姻。士族不做事繁务剧的小官，即所谓"浊官"，以标榜门第高贵。东晋以后，士族与寒门的界限基本凝固，只有极少数的寒门能够上升为士族，而士族在发展中也有分化。

## ● 庶　族

又称"寒门""寒族"。魏、晋、南北朝时不属于士族的家族，大多为普通中小地主。由于士族长期拥有政治特权，生活奢侈腐化，逐渐失去了统治能力，这时，庶族地主便以武职为升官阶梯，立了军功，掌握军权之后，进而取得了政权。这样，士族衰落，庶族兴起，魏晋及南朝的朝代更替也是士族与庶族势力消长的过程。

# 对峙中的南北朝

## （386—589）

## 南朝（420—589）

● 刘宋元嘉之治

宋武帝刘裕死后，长子刘义符即位，两年后，大臣徐羡之等杀刘义符，立刘裕三子刘义隆，史称宋文帝。宋文帝继续实行刘裕的治国方略，在东晋的基础上清理户籍，下令免除百姓欠政府的"通租宿债"，又实行劝学、兴农、招贤等一系列措施，使百姓得以休养生息，社会生产有所发展，经济文化日趋繁荣，是东晋南北朝国力最为强盛的历史时期，史称元嘉之治。

● 南齐的兴衰

南齐是南北朝4个朝代中存在时间最短的，仅有23年。齐高帝萧道成借鉴了宋灭亡的教训，以宽厚为本，提倡节俭。他在位4年，临终前，要求其子武帝继续其统治方针，并且不要手足相残。武帝遵其遗嘱，继续统治国家，使南朝又出现了一段相对稳定发展的时期。武帝死后，齐国的皇帝重走宋灭亡的老路，纷纷杀戮同室的兄亲、叔侄，至东昏侯萧宝卷时，因其疑心过重，几乎将朝内大臣全部处死。这样，齐国的江山处于风雨飘摇中。501年，雍州刺史萧衍起兵，结束了南齐的统治。

● 萧梁的统治

因历史上还有其他以"梁"为国号的朝代，所以南北朝时期，前面又冠以皇帝的姓，称这个梁代为"萧梁"。萧梁的统治起于502年，萧衍接受齐和帝禅让，止于557年，敬帝萧方智禅位于陈霸先。萧梁历经4

位黄帝，前后55年。

## ● 侯景之乱

中国历史上南朝期间由诸侯王发起的祸国殃民的事件。侯景是羯族人，曾为东魏将领，投靠西魏。梁武帝为收复中原而招纳侯景，封为河南王。梁宗室子弟萧渊明被东魏俘获，梁武帝打算用侯景交换，激怒了侯景。548年，侯景举兵反叛，攻入京城建康，困死萧衍，自己遂当丞相，执掌朝政。551年，进而自封为帝。

## ● 陈霸先平叛

陈霸先是南北朝时期陈朝的开国皇帝，卓越的军事家、政治家。初仕梁，曾辅佐王僧辩讨平侯景之乱。陈霸先南路征讨大军从豫章（今江西南昌）出发，与西路都督王僧辩会师后在建康与侯景进行了大决战，彻底摧毁了侯景势力。天成元年（555），立敬帝，自为相国，封陈王。败北齐，受百姓拥戴，后受禅称帝，国号陈，定都建康。其志度弘远，恭俭勤劳。在众多的封建皇帝中，贤明君主不多，陈霸先却属一代英主。

## ● 亡国之音：《玉树后庭花》

南朝陈后主生活奢侈，不问政事，且喜爱艳词。每日在宫中与嫔妃近臣游宴，必唤其作词，并选艳丽之句配曲，其中就有"璧月夜夜满，琼树朝朝新"的词句，更有一首《玉树后庭花》云："玉树后庭花，花开不复久。"陈后主的好日子就像这玉树后庭花一样短暂，前后不足7年。589年，隋兵进入建康（今南京），陈后主被俘，《玉树后庭花》遂被称为亡国之音。

## ● 宋武帝

刘裕，南北朝时期宋朝的建立者，史称宋武帝，中国历史上杰出的政治家、卓越的军事家、统帅。吸取了前朝士族豪强挟主专横的教训，抑制豪强兼并，并采取了很多措施。吏治上，裁减冗员；法制上，对东晋以来苛刻的刑法进行改革；经济上，曾多次下令减免税役。

这些措施巩固了帝位，显示出这位创业之君的治国才能。刘裕虽是行伍出身，识字不多，但非常重视教育，由此改善了社会风气。

## ● 梁武帝

梁武帝萧衍，建立了梁朝，是为高祖、武帝。梁武帝是一位多才多艺、学识广博的学者。他的政治、军事才能，在南朝诸帝中堪称翘楚。他在学术研究和文学创作上的成就，则更为突出，在位颇有政绩，但晚年因爆发侯景之乱，都城陷落，被侯景囚禁。

## ● 谢灵运

东晋末年刘宋初年的文学家、诗人、见诸史册的第一位大旅行家，中国山水诗的开创者，是第一个大量创作山水诗的诗人。其诗充满道法自然的精神，贯穿着一种清新自然恬静之韵味，一改魏晋以来晦涩的玄言诗之风，与颜延之齐名，并称"颜谢"。

## ● 祖冲之

字文远，中国南北朝时期杰出的数学家、科学家，其主要贡献在数学、天文历法和机械三方面。

《隋书·律历志》有关圆周率（π）的记载认为，祖冲之算出π的真值在3.1415926和3.1415927之间，相当于精确到小数第7位，成为当时世界上最先进的成就。在天文历法方面，创制了《大明历》，最早将岁差引进历法，首次精密测出交点月日数、回归年日数等数据。在机械学方面，设计制造了指南车、千里船、定时器等器具。为纪念这位伟大的古代科学家，人们将月球背面的一座环形山命名为"祖冲之环形山"，把小行星1888命名为"祖冲之小行星"。

## ● 《世说新语》

中国南北朝时期产生的一部主要记述魏晋人物言谈轶事的笔记小说，是由南朝刘宋宗室临川王刘义庆组织编写的，梁代刘峻作注。该书原名《世说》，因汉代刘向曾著《世说》，后人为将此书与刘向所著相别，故又名《世说新书》，宋代以后才改称今名。全书原8卷，刘孝标注本分为10卷，今传本皆作3卷，记述了自汉末到刘宋时名士贵族的遗闻轶事、有关人物评论、清谈玄言和机智应对的故事，反映了门阀士族的思想风貌，保存了社会、政治、思想、文学、语言等方面史料，价值很高。

● 《玉台新咏》

东周至南朝梁代的诗歌总集，历来认为是南朝徐陵在梁中期时所编。收诗769篇，计有五言诗8卷，歌行1卷，五言四句诗1卷，共为10卷。除第9卷中《越人歌》相传作于春秋战国之间外，其余均是自汉迄梁的作品。该书编纂的宗旨是"选录艳歌"，即主要收录男女闺情之作。从内容的广泛性看，入选各篇皆取语言明白，而弃深奥典重者，又比较重视民间文学，如中国古代长篇叙事诗《孔雀东南飞》就首见此书。该书重视南朝兴起的五言四句的短歌句，收录达1卷之多，对唐代五言绝句诗体的发展有一定推动作用。

● 《宋书》

一部记述南朝刘宋历史的纪传体史书。梁沈约撰，含本纪10卷、志30卷、列传60卷，共100卷。今本个别列传有残缺，少数列传是后人用唐高峻《小史》、《南史》所补。八志原排在列传之后，后人移于本纪、列传之间，并把律历志中律与历两部分开。《宋书》收录诏令奏议、书札、文章等各种文献较多，保存了原始史料，有利于后代的研究。该书篇幅大，一个重要原因是很注意为豪门士族立传。

● 《后汉书》

南朝刘宋时期的历史学家范晔编撰，是一部记载东汉历史的纪传体史，"二十四史"之一。《后汉书》是继《史记》《汉书》之后又一部私人撰写的重要史籍，与《史记》《汉书》《三国志》并称为"前四史"。全书主要记述了上起东汉的汉光武帝建武元年（25），下讫汉献帝建安二十五年（220），共196年的史事。《后汉书》纪和列传的作者是范晔，此书综合当时流传的7部后汉史料，并参考袁宏所著的《后汉纪》，简明周详，叙事生动，故取代以前各家的后汉史。北宋时，有人把晋朝司马彪《续汉书》志与之合刊，成今天《后汉书》。

● 《文心雕龙》

古代文学理论著作，刘勰撰，成书于南朝齐和帝中兴元、二年间。它是中国文学理论批评史上第一部有严密体系的、"体大而虑周"（章学诚《文史通义·诗话篇》）的文学理论专著。魏晋时期，中国的文学理论有了很大的发展。到南北朝，逐渐形成繁荣的局面。文学创作和文学理论批评在其历史发展中所积累起来的丰富经验，既为《文心雕龙》的出现准备了条件，也在《文心雕龙》中得到了反映。

## ● 《神灭论》

无神论并不是今人的创造发明。不少古代思想家、文学家撰写过许多宣传无神论的著作和文章。范缜撰写的《神灭论》，是中国古典文学的名篇之一。《神灭论》坚持了物质第一性的原则，系统地阐述了无神论的思想，指出人的神（精神）和形（形体）是互相结合的统一体，"神即形也，形即神也，形存则神存，形谢则神灭"。《神灭论》在中国古代思想发展史上具有划时代意义，不仅从理论上揭穿了谎言，而且也谴责了当时封建帝王和世家大族所造成的社会危机，有着积极的实践意义。坚持唯物主义的无神论思想和为捍卫真理勇于战斗的革命精神，成为中国人民宝贵的精神财富。

## ● 山水诗

描写山水风景的诗，由谢灵运开创，脱胎于玄言诗。虽然诗中不一定纯写山水，亦可有其他辅助母题，但呈现耳目所及的山水状貌声色之美，则必须为诗人创作的主要目的。在一首山水诗中，并非山和水同时出现，有的只写山景，有的却以水景为主。不论水光或山色，必定都是未曾经过诗人知性介入或情绪干扰的山水，也就是山水必须保持耳目所及之本来面目。当然，诗中的山水并不局限于荒山野外，其他经过人工点缀的著名风景区，以及城市近郊、宫苑或庄园的山水亦可入诗。山水诗渊源于先秦两汉，产生于魏晋时期，并在南朝至晚唐随着中国诗歌发展与文学环境变迁而不断演变。

## ● 永明体

永明是南朝齐武帝的年号，"永明体"亦称"新体诗"，这种诗体要求强调声韵格律。这种诗体的出现，对于纠正晋宋以来文人诗的语言过于艰涩的弊病，使创作转向清新通畅起到了一定作用，对"近体诗"的形成产生了重大影响。

## ● 南朝民歌

南朝民歌大部分保存在（宋）郭茂倩所编《乐府诗集·清商曲辞》里，主要有吴歌与西曲两类。由于采集民歌的目的是满足声色之欲，加上统治者提倡等原因，南朝民歌中反映男女之情的情歌特别发达。这类情歌表现的感情真挚细腻，情调艳丽柔弱，哀怨缠绵。吴歌的产地多是长江流域商业发达之地，故其民歌主要反映城市中下层居民的生活和思想感情，有较多的市井气息，而西曲则多写水边船上旅客商妇的离别之情，且能结合劳动来写，情调较吴歌开朗明快。

# 北朝（386—581）

## ● 北魏孝文帝改革

孝文帝，本姓"拓跋"，名宏，是北魏第7位皇帝，谥号孝文皇帝。485年，冯太后、孝文帝颁布了均田令。495年，北魏正式迁都洛阳，命鲜卑贵族汉化，采用了汉族统治阶级的政治制度。孝文帝的改革是北魏政治、经济发展以及鲜卑族进一步封建化的必然结果，促进了北魏政治、经济的发展，加速了当时北方各少数民族封建化的过程，促进了北方民族的大融合，体现了民族融合的巨大推动作用。

## ● 北魏均田制

北魏至唐中叶封建政府推行的土地分配制度。西晋末年，中国北方在长期战乱之后，人口迁徙，土地荒芜，国家赋税收入受到严重影响。为保证国家赋税来源，北魏孝文帝于太和九年（485）颁布均田制并开始执行。北魏均田令由计口授田制度演变而来，是当时北方土地所有权和占有权十分混乱情况下的产物。

## ● 突厥兴起

突厥是中国古代民族，先世源于丁灵、铁勒。南北朝时铁勒原住在叶尼塞河上游，后南迁高昌的北山（今新疆博格达山）。突厥是铁勒的一部，以狼为图腾。5世纪中叶被柔然征服，徙于金山南麓（今阿尔泰山）。因金山形似战盔，俗称突厥，故以此命名部落。6世纪，突厥首领阿史那土门势力逐渐强盛，以漠北为中心在鄂尔浑河流域建立突厥奴隶制政权。

● 北齐代东魏

北齐是中国南北朝时的北方王朝之一，由文宣帝高洋取代东魏自立，国号齐，建元天保，建都邺，史称北齐。北齐的农业、盐铁业、瓷器制造业都相当发达，是同陈、北周鼎立的三个国家中最富庶的。北齐继续推行均田制，大体上与北魏相同。

● 府兵制

中国古代兵制之一，起源于北魏时期鲜卑人当兵、汉人务农的政策，由西魏权臣宇文泰建于大统年间（535—551），历北周、隋至唐初而日趋完备。该制度最重要的特点是兵农合一。府兵平时为耕种土地的农民，农隙训练，战时从军打仗。府兵参战武器和马匹自备，全国都有负责府兵选拔训练的折冲府。

● 北周灭北齐

556年，实际掌握西魏政权的宇文泰死后，长子宇文觉继任大冢宰，自称周公。次年初，他废西魏恭帝自立（孝闵帝），国号周，都长安（今陕西西安市），史称北周。

● 《水经注》

6世纪北魏郦道元所著，是中国古代较完整的一部以记载河道水系为主，历史、地理、文学价值都很高的综合性地理著作。全书30余万字，详细介绍了中国境内1000多条河流以及与这些河流相关的郡县、城市、物产、风俗、传说、历史等，在中国历史发展进程中有过深远影响。自明清以后不少学者从各方面对它进行了深入细致的专门研究，形成了一门内容广泛的"郦学"。《水经注》文笔雄健俊美，既是古代地理名著，又是山水文学的优秀作品。

● 《齐民要术》

北魏时期，中国杰出农学家贾思勰在总结前人经验的基础上，结合自己从富有经验的老农当中获得的生产知识以及对农业生产的亲身实践与体验，经认真分析、系统整理、概括总结所著的一部综合性农书，是世界农学史上最早的专著之一，也是中国现存的最完整的农书。该书系统总结了6世纪以前黄河中下游地区农牧业生产经验、食品的加工与贮藏、野生植物的利用等，对中国古代农学的发展产生过重大影响。

## ● 《洛阳伽蓝记》

南北朝时期，记载北魏首都洛阳佛寺兴衰的地方志，共5卷，由东魏杨炫之所著。内容包括政治、经济、社会、文学、艺术、思想、宗教，史料价值极高。此书按照城内、城东、南、西、北的次序，以40多所名寺院为纲，兼顾所在里巷、方位以及名胜古迹，同时叙述相关事迹。从书中可以了解孝文帝迁洛阳到尔朱氏之乱，40年间洛阳的变迁和台省坊市的分布，甚至外商来洛阳居住的风土人情。

## ● 《颜氏家训》

颜之推撰，南北朝时期记述个人经历、思想、学识以告诫子孙的著作，7卷，共20篇。颜之推是南北朝时期著名思想家、教育家、诗人、文学家，是当时最博通、最有思想的学者。经历南北两朝，深知南北政治、俗尚的弊病，洞悉南学北学的短长，他的理论和实践对于后人颇有影响，《颜氏家训》是他对自己一生有关立身、处世、为学经验的总结，被后人誉为家教典范，开后世"家训"的先河，是中国古代家庭教育理论宝库中的一份珍贵遗产。

## ● 《魏书》

北齐魏收撰，是一本纪传体史书，内容记载了4世纪末至6世纪中期北朝魏的历史。《魏书》有一个非常明显的特点，也是它的重要性之所在，即它是中国封建社会历代"正史"中第一部专记少数民族政权史事的著作。另一个特点是，它的作者在反映时代特点方面的自觉性。

## ● 北朝书法和魏碑体

魏碑也称北碑，在北朝各个王朝中以北魏的立国时间最长，后来就用"魏碑"来指称包括东魏、西魏、北齐和北周在内的整个北朝的碑刻书法作品，其特点是笔力、字体强劲，是后世书法的一种楷模。这些碑刻作品主要是以"石碑""墓志铭""摩崖"和"造像记"的形式存在的。魏碑主要分两大类：一类是佛教的造像题记，一类是民间的墓志铭。仅龙门石窟的造像题记就有3000余品，而著名的是《龙门二十品》。墓志在南北朝时十分盛行，书法中带有汉隶笔法，结体方严，笔画沉着，变化多端，美不胜收。

## ● 云冈石窟

中国最大的石窟之一，与敦煌莫高窟、洛阳龙门石窟和麦积山石窟并称为中国四大石窟艺术宝库。云冈石窟历史久远，规模宏大，内容丰富，雕刻精细，被誉为中国美术史上的奇迹。在雕造技艺上，继承和发展了秦汉时代雕刻艺术的优秀传统，又吸取和融合了印度犍陀罗艺术的有益成分，创造出具有独特风格的艺术品，在中国雕塑史上留下了重要的一页。

## ● 龙门石窟

中国四大石窟之一。自古以来，龙门山色被列入洛阳八大景之冠，龙门石窟就开凿于山水相依的峭壁间。龙门石窟是历代皇室贵族发愿造像最集中的地方，是皇家意志和行为的体现；龙门石窟是中国古碑刻最多的一处，有古碑林之称，也是书法艺术史的宝藏；龙门石窟是佛教文化的艺术表现，同时折射出当时政治、经济、文化风貌。

## ● 悬空寺

又名玄空寺，是中国现存的唯一的佛、道、儒三教合一的独特寺庙。它修建在悬崖峭壁间，始建于北魏后期，迄今已有1400多年的历史。悬空寺面对恒山、背倚翠屏、上载危岩、下临深谷、楼阁悬空、结构巧奇。悬空寺共有殿阁40间，利用力学原理半插飞梁为基，巧借岩石暗托梁柱上下一体，廊栏左右相连，曲折出奇，虚实相生。

## ● 少林寺

有"禅宗祖廷，天下第一名刹"之誉，是中国汉传佛教禅宗祖庭。南北朝时，天竺僧人菩提达摩到中国，善好禅法，颇得北魏孝文帝礼遇，遂于少室山为佛陀立寺，供给衣食。由于寺处少室山林中，故名少林。

## ● 北朝民歌

产生于黄河流域，主要由鲜卑、氐、羌、汉等各族人民创作。内容丰富（涉及战争、人民的疾苦、尚武精神、婚姻爱情、风光景色等各个方面），语言质朴，风格豪放，形式上以五言四句为主，也有七言四句的气绝体和七言古体及杂言体，对唐代诗歌的发展有较大影响。北朝民歌主要收录在《乐府诗集》中，今存60余首，以《敕勒歌》《木兰辞》最为著名。

# 兴衰更替的隋朝

## (581—618)

### ● 隋文帝杨坚

隋朝开国皇帝。581年，北周的静帝以杨坚众望有归下诏宣布禅让，杨坚登基称帝，定国号为大隋。杨坚称帝后不仅完成统一中国的大业，结束了西晋末年以来近300年的分裂割据状态，实现了自秦汉以来中国又一次统一，使北方民族大融合，南方经济发展，还使隋朝成为政权稳固、社会安定、户口锐长、垦田速增、积蓄充盈、文化发展、甲兵精锐、威动殊俗的强盛国家，为中国封建社会隋唐盛世的出现奠定了基础。

### ● 《开皇律》

隋文帝于开皇元年（581），针对北周刑法繁杂苛酷的情况，在北魏、北周旧律的基础上改定《新律》，完成了历史上著名的《开皇律》。《开皇律》上承汉律的源流，下开唐律的先河，共计12篇、500条，在中国历史上有着重要的地位。《开皇律》的根本目的是维护封建统治的需要和地主阶级的利益，所以贵族官僚在法律上享有特权。

### ● 开皇之治

鉴于东汉至隋南北分裂达400多年之久，民生困苦，国库空虚，隋文帝自开皇九年，即以富国为首要目标，轻徭薄赋以解民困，在确保国家赋税收入之同时，稳定民生。由于南北朝以来，户籍不清，税收不稳，隋文帝即大索貌阅，推行输籍法，进行全国性户口调查，尽扫魏晋南北朝以来隐瞒户籍之积弊。隋文帝在位20多年，倡导节俭，增加国家税收，改善经济，废除不必要的杂税并设置谷仓储存食粮，形成国家富庶、人民安居乐业、政治安定的局面，促成开皇之盛世。

## ● 科举制度

科举是中国古代读书人所参加的人才选拔考试。魏晋以来，官员大多从各地高门权贵的子弟中选拔。权贵子弟无论优劣，都可以做官。许多出身低微但有真才实学的人，却不能到中央和地方担任官职。为改变这种弊端，隋文帝于大业元年（605）开始实行分科考试来选举人才，中国科举制度正式诞生。

## ● 三省六部制

中国封建社会的主要政治制度，自西汉长期发展形成，至晋朝三省制度基本建立起来。三省在各个时期的历史作用和地位不同，至隋才整齐划一为三省，特点是分散了丞相及中央机构的权力，将相权"一分为三"，互相牵制和监督，提高决策正确性。同时，将尚书省权划分于六部，即限制了地方割据势力的产生和发展又推动部门牵制与机构运转，加强了皇权。

## ● 保闾制度

隋文帝即位之初，就制定了保闾制度，以加强政府对户口的控制，进而扩大税源。保闾制度规定，县以下5家为1保，5保为1闾，4闾为1族。设置保长、闾正、族正等职，分级负责检查户口。同时，隋朝鼓励民间互相检举不实的户籍情况。这些措施完善了封建的户籍制度，打击了豪强的经济势力，也使国家的赋税大大增加。

## ● 大索貌阅

隋朝为了查实应纳税和负担徭役的人口，隋文帝下令州县官吏大规模检查户口，依照户籍簿上登记的年龄体貌进行核对，被称为"大索貌阅"，即检查是否谎报年龄，诈老诈小。如有不实，保长等要治罪。通过检查，大量隐漏户口被查出，增加了政府控制的人口和赋税收入。

## ● 输籍之法

即由国家制定"输籍定样"（划分户等的标准），发到各州县，每年正月五日，县令派人到农村，依定样划分户等，作为征调赋税、力役的依据。由于国家规定的赋税、力役数量低于豪强地主对佃农的剥削量，许多原来依附豪强地主的农民纷纷脱离地主，向官府申报户口，纳税服役，成为国家的编户。

## ● 仁寿宫之变

隋文帝次子杨广为夺取帝位，伪装节俭仁孝，陷害太子，终于在600年谋得太子之位。604年，隋文帝在仁寿宫病危，杨广与丞相杨素密谋夺位之事，不慎将信件传到隋文帝手中，隋文帝大怒。当晚，杨广撤去左右宫人，带人进入隋文帝寝殿。不久，隋文帝的死讯传出。翌日杨广即位，年号大业，是为隋炀帝。

## ● 隋炀帝杨广

604年即皇帝位，年号大业，在位13年，政绩和暴政都很突出。"修通运河""西巡张掖""开创科举""开发西域"可以概括其政绩。同时，隋炀帝对人民奴役征敛十分苛重，滥用民力，使生产遭到严重破坏。在农民军的打击下，隋朝统治摇摇欲坠。618年隋炀帝在江都（今江苏扬州）被部将宇文化及等缢杀，隋朝灭亡。

## ● 骁果军

隋朝的御林军。大业十四年（618），在司马德戡与宇文化及等人的策划下，骁果军发生兵变，缢杀隋炀帝。宇文化及率骁果10万人西行，至洛阳滑台（今滑县）时，军粮吃尽，遂向瓦岗军占领的黎阳粮仓发起攻击。其后，骁果军与瓦岗军在童山大战，几乎是两败俱伤。最后，缺少粮草的骁果无法与瓦岗军相持，自行崩溃。

## ● 李渊晋阳起兵

大业十一年（615），隋炀帝杨广派李渊为太原留守，驻节晋阳（今山西太原市西南），担负北御突厥和镇压当地农民起义的重任。太原是西北边防的重镇，历来为兵家必争之地。隋朝在这里储存了大量布帛粮谷，为李渊起兵提供了物质保证。此时，农民起义烽火已燃遍全国，以摧枯拉朽之势瓦解着隋王朝的统治，李渊见时机成熟，于617年宣告起兵，开始了推翻隋朝、建立唐朝的征程。

## ● 瓦岗军起义

从隋大业六年（610）翟让聚众瓦岗寨（今河南滑县东南）举起反

隋义旗，到武德元年（618）李密率部投唐，前后9年，在中原大地活跃着一支矛头直指隋廷的农民武装力量，这就是翟让和李密领导的瓦岗起义军。瓦岗军是隋末农民起义中举义较早、发展最快、势力最强大的三大义军之一，在推翻隋炀帝残暴统治中起着决定性作用。

## ● 大运河

隋朝统一全国后，建都洛阳，为了控制江南广大地区，使长江三角洲地区的丰富物资运往洛阳，隋炀帝为供自己玩乐，于603年下令开凿从洛阳经山东临清至河北涿郡（今北京西南）长约1000公里的"永济渠"；又于605年下令开凿洛阳到江苏清江（淮阴）约1000公里长的"通洛渠"；再于610年开凿江苏镇江至浙江杭州（当时的对外贸易港）长约400公里的"江南运河"；同时对邗沟进行了改造。这样，洛阳与杭州之间全长1700多公里的河道，可以直通船舶。

## ● 赵州桥

又名安济桥（宋哲宗赐名，意为"安渡济民"），位于河北赵县洨河上，建于大业年间（605—618），由著名匠师李春设计和建造，是世界上现存最早、保存最完善的古代敞肩石拱桥，也是当今世界上跨径最大、建造最早的单孔敞肩型石拱桥，距今已有1400年的历史，经历了10次水灾，8次战乱和多次地震。赵州桥在主拱券的上边两端又各加设了2个小拱，一是可节省材料，二是减少桥身自重，且能增加桥下河水的泄流量。因桥两端肩部各有2个小孔，不是实的，故称敞肩型，是世界造桥史的一个创造。

## ● 雕版印刷术

在版料上雕刻图文径行印刷的技术。它在中国的发展，经历了由印章、墨拓石碑到雕版再到活字版的几个阶段。雕版印刷的方法是：把木材锯成一块块木板，将要印的字写在薄纸上，然后反贴在木板上，再根据每个字的笔画，用刀一笔一笔地雕刻成阳文，使每个字的笔画凸出在板上。木板雕好以后，就可以印书了。印书的时候，先用蘸了墨的刷子在雕好的板上刷一下，接着用白纸覆在板上，另外拿一把干净的刷子在纸背上轻轻刷一下，把纸拿下来，一页书就印好了。一页一页印好以后，装订成册，一本书也就制作完毕了。由于这种印刷方法是在木板上雕好字再印的，所以被称为雕版印刷。

# 盛世恢宏的大唐帝业

## (618—907)

### ● 李渊建唐

唐高祖李渊，唐朝开国皇帝。隋炀帝即位后，李渊任荥阳（今河南郑州）、楼烦（今山西静乐）二郡太守，后被召为殿内少监，迁卫尉少卿。大业十一年（615），拜山西河东慰抚大使，十三年，拜太原留守。当时，隋末农民起义遍布全国。李渊自知无力镇压农民起义，又深晓炀帝猜忌嗜杀，政局动乱，难于自保，便与次子李世民在大业十三年起事。李渊起兵后，一面遣人出使突厥，请求兵马相助，一面召募军队，并率师南下攻拔长安，在关中站稳了脚跟。618年，李渊称帝，改国号唐，定都长安。李渊在位时期，依据隋文帝旧制，重新建立中央及地方行政制度，又修订律令格式，颁布均田制及租庸调制，重建府兵制，为唐代的职官、刑律、兵制、土地及课役等制度奠定了基础。

### ● 李世民

唐太宗李世民，是唐朝第2位皇帝，也是政治家、军事家、书法家、诗人，其名字的意思是"济世安民"。李世民即位后，积极听取群臣的意见、努力学习文治天下，成功转型为中国历史上最出名的政治家与明君之一。唐太宗开创了历史上的"贞观之治"，经过主动消灭各地割据势力，虚心纳谏，在国内厉行节约，使百姓休养生息，终于使得社会出现了国泰民安的局面，为后来全盛的开元盛世奠定了重要的基础，将中国传统农业社会推向鼎盛时期。

### ● 魏 徵

唐初重臣，以性格刚直、才识超卓、敢于犯颜直谏著称。作为太宗的重要辅佐，他曾恳切要求太宗使他充当对治理国家有用的"良臣"，而不要使他成为对皇帝一人尽职的"忠臣"。为了维护和巩固李唐王朝的封建统治，曾先后陈谏200多事，劝戒太宗以历史的教训为鉴，励精图治，任贤纳谏，本着"仁义"行事，无不受到采纳。

## ● 房玄龄

唐朝的开国宰相。贞观前，他协助李世民经营四方，削平群雄，夺取皇位。贞观中，他辅佐太宗，总领百司，掌政务达20年；参与制定典章制度，主持律令、格敕的修订，与魏徵同修唐礼；调整政府机构，省并中央官员；善于用人，不求备取人，也不问贵贱，随材授任；恪守职责，不自居功。后世将他和杜如晦为良相的典范，合称"房谋杜断"。

## ● 杜如晦

唐初名相，凌烟阁二十四功臣之一。唐武德元年（618）杜如晦被李世民引为秦王府属官，常从征伐，参与机要、军国之事，剖断如流。每每随行，为之参谋帷幄，决胜于疆场。他遇事善断，处理公务迅速无误，是同僚中最为干练的人才，为文学馆十八学士之首。贞观初年，他与房玄龄共掌朝政，制定典章，品选官吏，好评如潮。

## ● 玄武门之变

发生于唐高祖武德九年（626）。当时的秦王李世民在长安城宫城北门玄武门杀死太子李建成和齐王李元吉。随后，李渊诏立李世民为皇太子，下令军国庶事无论大小悉听皇太子处置。不久李世民即位，年号贞观。

## ● 贞观之治

唐朝初期出现的治世局面。由于唐太宗能任人唯贤，知人善用；开言路、虚心纳谏，重用贤臣；采取以农为、减轻徭赋、休养生息、厉行节约、完善科举制度等政策，使唐朝经济发展、社会安定、政治清明、人民富裕安康，出现了空前的繁荣安宁的局面。唐太宗李世民在位时年号为贞观，所以人们将其统治的这一时期（627—649）称为贞观之治。贞观之治是唐朝的第一个盛世，同时也是中国历史上最为璀璨夺目的时期，为后来的开元盛世奠定了基础。

## ● 科举制度

推翻隋朝的统治后，唐朝帝王承袭了隋朝传下来的人才选拔制度，科举制度逐渐完备起来。在唐朝，考试的科目分常科和制科两类。每年分期举行的称常科，由皇帝下诏临时举行的考试称制科。唐代取士，不仅看考试成绩，还要有贤明人士的推荐。唐太宗重视人才的培养和选拔，大大扩充了国学的规模，所以唐朝的科举制度是中国古代科举制度的完备时期。

## ● 租庸调制

唐朝在隋朝的基础上，以轻徭薄赋的思想改革赋税体制，实行租庸调制。唐前期推行的租庸调制，不再有年龄的限制，且作用明显，主要表现在：农民生产时间较有保证，赋役负担相对减轻，使许多荒地开垦出来；政府的赋税收入又了保障，府兵制也得到巩固。这些都使国家富强起来。

## ● 两税制

随着历史的发展，租庸调制变得不合时宜，故唐代统治者不得不以两税制取而代之，即：不在垄断土地分配权上长期控有赋税源泉，而在承认既成土地所有关系上改进赋税收入。两税制的实质，不在于每年两次征收，而在于把此前国家统制分配土地的规制从根本上取消了。唐初施行两税制时，运作良好，人民生活安定，国家收入稳定。

## ● 安西都护府

安西都护府是唐贞观十四年（640）设立的用以针对西突厥、管理西域事物的一个军政机构，统辖安西四镇，最大管辖范围曾包括天山南北，并至葱岭以西至达波斯，在北庭都护府分立之后，安西都护府分管天山以南的西域地区。

## ● 北庭都护府

长安二年（702），武则天于庭州置北庭都护府，取代金山都护府，管理西突厥故地，仍隶属于安西都护府。景云二年（711），北庭都护府升为大都护府，与安西都护府分治天山南北，天山以北的广大区域遂归北庭都护府统辖。

## ● 安西四镇

唐朝前期在西北地区设置、由安西都护府统辖的4个军镇，对唐朝政府抚慰西突厥、保护中西陆上交通要道、巩固唐的西北边防，均起过十分重要的作用。贞观二十二年，安西都护府移至龟兹国都城（今新疆库车），同时在龟兹、焉耆（今新疆焉耆西南）、于阗（今新疆和田西南）、疏勒（今新疆喀什）四城修筑城堡，建置军镇，简称安西四镇。

## ● 遣唐使

唐朝作为当时东亚最强大的国家，经济文化空前繁荣发达，声威远扬，对亚洲各国有着巨大的吸引力，日本遂出现学习模仿中国文化的热潮。在630—895年的260多年间，奈良时代和平安时代的日本一共派遣了19次遣唐使，其次数之多、规模之大、时间之久、内容之丰富，可谓中日文化交流史上的空前盛举。遣唐使对推动日本社会的发展和促进中日友好交流做出了巨大贡献，结出了丰硕的果实，成为中日文化交流的第一次高潮。

## ● 玄奘取经

玄奘，世称三藏法师，俗称唐僧，唐代高僧、佛教学者、旅行家、中国佛教三大翻译家之一、唯识宗的创始者之一。本姓陈，名祎，出家后遍访佛教名师，因感各派学说分歧，难得定论，便决心至天竺学习佛教。贞观三年（629），从凉州出玉门关西行，历经艰难抵达天竺，从戒贤受学，与当地学者论辩，名震五竺。历经17年，于贞观十九年（645）回到长安组织译经，所译佛经，多用直译，笔法谨严，丰富了中国古代文化。其所撰《大唐西域记》，是研究古代中亚历史地理的重要资料。历代民间广泛流传其故事，如元吴昌龄《唐三藏西天取经》杂剧，明吴承恩《西游记》小说等，均由其事迹衍生。

## ● 天　竺

古代中国及其他东亚国家对印度、印度次大陆国家的统称。在中国历史上，对印度的最早记载出现在《史记·大宛传》，当时称为身毒（梵文Sindhu的译音），唐初统称为天竺。唐高僧玄奘西域取经后，根据梵文（Sindhu）的读音将其正名为印度。

## ● 回纥兴起

回鹘，中国古代北方及西北民族，原称回纥，唐德宗时改称回鹘。

隋唐时期，回鹘受突厥政权统治。隋大业元年（605），回鹘联合仆骨等部族起来反抗，终于摆脱突厥的统治，逐渐强大起来。唐贞观二十年（646），接受唐朝的管辖，唐在其地分置六府、七州。天宝三年（744），回鹘首领骨力裴罗自立为可汗，建立回鹘政权。这时回鹘控制的地区，东起今额尔古纳河，西至今阿尔泰山，势力日益强盛。

## ● 松赞干布与文成公主

松赞干布，统一了青藏高原，成为藏族的赞普，正式建立吐蕃王朝；促进了吐蕃政治、经济、文化的全面发展，将藏族人民引入到团结、繁荣、富强的时代；沟通了与内地唐朝的友好关系，推动了汉藏民族文化的交流与发展。

文成公主，唐朝宗室之女，聪慧美丽，自幼受家庭熏陶，学习文化，知书达礼，信仰佛教。贞观十四年（640），松赞干布派遣使者向唐朝请婚。太宗许嫁宗女文成公主。贞观十五年（641），文成公主出长安前往吐蕃，松赞干布在柏海（今青海玛多）亲自迎娶。

文成公主热爱藏族同胞，深受百姓爱戴。在她的影响下，汉族的碾磨、纺织、陶器、造纸、酿酒等工艺陆续传到吐蕃。她带来的诗文、农书、佛经、史书、医典、历法等典籍，促进了吐蕃经济、文化的发展，加强了汉藏人民的友好关系。

## ● 女皇武则天

唐高宗李治皇后，后为周则天皇帝，中国正统历史上唯一的女皇帝，是继位年龄最长的皇帝（67岁继位），也是寿命最长的皇帝之一（终年82岁）。

对于武则天，自唐代始已有不同的评判，角度也各不相近。唯不可否认的是，武则天对历史做出的巨大贡献。一是打击了保守的门阀贵族；二是促进了经济的发展；三是稳定了边疆形势；四是推动了文化的发展。但是，武则天也有不少消极的行为，为了扫清其登基称帝的障碍，大肆诛戮李唐皇族势力；重用酷吏、实行恐怖政治。在她统治时期尽管社会经济有所上升，但逃户问题已经日益严重，府兵制开始被破坏。

武则天打击的主要对象是世族集团，为庶族出身的科举入仕者攀登高位打开了通道。同时，在酷吏恐怖政治的频繁打击之下，高层官吏也频频更新，从而加速了官僚体系的新陈代谢过程，最终使科举制度成为维持官僚体系正常运转的主流机制。因此，武则天在这一历史变革中扮演的角色是劈荆斩棘的开路先锋。

## ● 开元盛世

唐玄宗李隆基统治前期出现的盛世。唐玄宗在位44年，前期（开元年间），通过任用贤能、改革吏治、发展经济、提倡文教、加强军事等一系列开明的政治策略，使得天下大治，唐朝进入全盛时期成为当时世界上最强盛的国家，史称开元盛世。贞观之治时，唐朝百废待兴，虽有所治绩，但距辉煌还颇远。至开元盛世时，唐朝经过百年的发展与积累，已臻於鼎盛，进入了黄金时代。

## ● 鉴真东渡

鉴真，律宗南山宗传人，日本佛教律宗开山祖师。鉴真勤学好问，不拘泥于门派之见，广览群书，遍访高僧，除佛经之外，在建筑、绘画，尤其是医学方面，都有一定造诣。742年，日本僧人荣睿、普照来华学佛留学，恳请鉴真东渡日本传授"真正的"佛教，为日本信徒授戒。鉴真以"是为法事也，何惜身命"之举欣然应允，决意东渡，并克服种种困难，先后六次终获成功。他携带佛经、佛具及佛像，于天宝十二年（753年）抵达日本。此时鉴真双目失明，但仍努力弘扬佛法，讲授医药知识，传播中国文化，被日本人民誉为"过海大师"。

## ● 节度使

为差遣官名，意为节制调度，是唐代设立的地方军政长官，因受职之时，朝廷赐以旌节，故称节度使。唐睿宗景云二年，贺拔延嗣为凉州都督充河西节度使，节度使开始成为固定的官职。节度使兼管内调度军需之支度使及管理屯田之营田使，又兼所在监督州县的采访使，集军、民、财三政于一身，又常以一人兼统两至三镇，多者达四镇，威权之重，超过魏晋时期的持节都督。

## ● 狄仁杰

字怀英，隋唐武周时著名宰相、杰出政治家，中国历史上以廉洁勤政著称的清官，始终保持体恤百姓、不畏权势的本色，始终是居庙堂之上，以民为忧，后人称之为"唐室砥柱"。他在武则天统治时期曾任最高司法职务，判决积案、疑案，纠正冤、假、错案；任掌管刑法的大理丞期间，处理前任遗留的17000多件案子，无一例上诉伸冤；在他身居宰相之位后，辅国安邦，敢于拂逆君主之意，对武则天弊政多所匡正。狄仁杰在上承贞观之治，下启开元盛世的武则天时代，做出了卓越的贡献。

## ● 李林甫、杨国忠专权

李林甫，唐玄宗李隆基时著名奸相。善音律，无才学，会机变，善钻营。对于受到玄宗重视的官员，必设法排斥，表面上甜言蜜语相结，背后却阴谋暗害。为了专权固位，他竭力阻塞言路，朝臣受其威胁，从此谏诤路绝。他久踞相位，独揽朝政，

杨国忠凭借族妹杨玉环得宠于唐玄宗之后，收到李林甫的竭力拉拢，二人一唱一和，互相利用。后来，李林甫与杨国忠由于新旧贵族之间的争权夺利产生了矛盾。李林甫死后，杨国忠任宰相，身兼40余职，选官大权由杨国忠一人垄断，致使官吏贪渎、政治腐败、民怨沸腾，终于导致安禄山以讨杨国忠为名，行夺取皇位之实的叛乱。

## ● 唐玄宗

延和元年（712），李隆基即位，改元先天，后改元开元，是为玄宗。唐玄宗开元年间，政治清明，社会安定，经济空前繁荣，唐朝进入鼎盛时期，后人称这一时期为开元盛世。唐玄宗后期，贪图享乐，宠信奸臣，导致安史之乱，唐朝开始衰落。

## ● 安史之乱

中国历史上一次重要的事件，是唐朝由盛而衰的转折点。史之乱自唐玄宗天宝十四年（755）至唐代宗宝应元年（762）结束，前后达8年之久。

安史之乱的原因是多方面的，是各种社会矛盾的集中反映，主要包括统治阶级和人民的矛盾，统治者内部的矛盾，民族矛盾以及中央和地方割据势力的矛盾。

安史之乱的后果极其严重，影响是：战乱使社会遭到了一次浩劫；使唐王朝自盛而衰，一蹶不振；阶级压迫和统治阶级的压榨更加严重；

唐王朝失去对周边地区少数民族的控制力。

## ● 藩镇割据

安史之乱后出现的中央集权削弱、藩镇强大、互相争战的局面。藩是保卫之意，镇为军镇之意。封建王朝设置军镇，本为保卫自身安全，但发展结果往往形成对抗中央的割据势力，这是封建统治者争权夺利的本质所造成的矛盾。安史之乱爆发后，为了抵御叛军进攻，军镇制度扩展到了内地，重要的州设立节度使，指挥几个州的军事，次要的州设立防御使或团练使，以扼守军事要地。大则节度，小则观察，构成唐代后期所谓藩镇，且多达40余个。他们互相攻伐，或联合对抗中央。唐朝中央政府屡图削弱藩镇，收效甚微，此局面延续近2个世纪，至北宋初结束。

## ● 两税法

实质上是唐代后期以户税和地税来代替租庸调的新税制。唐德宗即位后，宰相杨炎建议实行两税法。两税法的主要原则是只要在当地有资产、土地，就算当地人，上籍征税。同时不再按照丁、中的原则征租、庸、调，而是按贫富等级征缴财产税及土地税。这是中国土地制度和赋税制度的一大变化，成为后代封建统治者所奉行的基本税制。

## ● 永贞革新

唐顺宗时官僚士大夫以打击宦官势力为主要目的的改革，因发生于永贞年间，故称永贞革新。唐代从玄宗时的高力士开始，出现宦官擅权现象，到肃宗时的李辅国，宦官又掌握了军权。他们专恣骄横，引起皇帝和某些官僚士大夫的不满。永贞元年（805），唐顺宗李诵即位，与政治上的革新派共谋打击宦官势力。朝廷宣布罢宫市，停19名宦官的俸钱，蠲免苛杂，停止财政上的"进奉"，这些改革都具有进步性，但引起宦官集团及与之相勾结的节度使的强烈反对，最终以失败告终。

## ● 元和中兴

唐宪宗时出现的安定繁荣的局面。唐宪宗李纯是唐后期较有作为的皇帝，元和年间，整顿江淮财赋，以增加财政收入。同时吐蕃势衰，各地藩镇在长时间的战乱中实力也有所削弱，借助这大好形势，唐宪宗

"以法度裁制藩镇"，陷于强藩多年的河南、山东、河北等地区又归中央政府管辖，唐王朝复归于统一，史称元和中兴。

## ● 黄巢起义

黄巢出身盐商家庭，善于骑射，粗通笔墨，曾组织盐帮与缉查私盐进行多次武装冲突。875年，王仙芝在长垣（今河南长垣东北）起兵，黄巢在冤句（今山东菏泽市西南）起兵，响应王仙芝。后王仙芝兵败被斩，余部投靠黄巢，推其为黄王，黄巢遂自称冲天大将军，转战黄淮流域，进军长江下游一带。黄巢观念狭隘，滥杀无辜，攻克长安后不思进取，未消灭分镇关中唐朝禁军，又缺乏经济政策，最后被唐军击败。黄巢乱后，唐朝又勉强维持了23年的国祚。

## ● 吴道子

中国唐代第一大画家，被后世尊称为画圣，被民间画工尊为祖师，画史尊称吴生。吴道子曾随张旭、贺知章学习书法，通过观赏公孙大娘舞剑，体会用笔之道。擅佛道、神鬼、人物、山水、鸟兽、草木、楼阁等画法，尤精于佛道、人物画作，长于壁画创作，所画人物衣褶飘举，线条遒劲，人称莼菜条描，具有天衣飞扬、满壁风动的效果，被誉为吴带当风。吴道子创造了笔间意远的山水"疏体"，使得山水成为独立的画种，从而结束了山水只作为人物画背景的附庸地位，对后世影响极大。

## ● 颜真卿

唐中期杰出书法家，伟大的爱国主义者。其创立的颜体楷书与赵孟頫、柳公权、欧阳询并称楷书四大家，有"颜筋柳骨"之誉。颜真卿初学褚遂良，后师从张旭得笔法，又汲取初唐四家特点，兼收篆隶和北魏笔意，完成了雄健、宽博的颜体楷书的创作，树立了唐代楷书典范。他的楷书一反初唐书风，行以篆籀之笔，化瘦硬为丰腴雄浑，结体宽博而气势恢宏，骨力遒劲而气概凛然，这种风格体现了大唐繁盛的风度，并与他高尚的人格契合，是书法美与人格美完美结合的典例。

## ● 柳公权

唐朝著名书法家，官至太子少师，故世称柳少师。其书法初学王羲之，后遍观唐代名家书法，认为颜真卿、欧阳询最为杰出，便吸取了颜、欧之长，自成一体。其书法取匀衡瘦硬，追魏碑斩钉截铁势，点画爽利挺秀，骨力遒劲，结构严谨，较之颜体，则稍均匀瘦硬，故有"颜筋柳骨"之称。由于其书法结体遒劲，字字严谨，在字的特色上，以瘦劲著称，所写楷书，体势劲媚，骨力道健，因此被后世赞誉为柳体。

## ● 陆　羽

字鸿渐，又号"茶山御史"，一生嗜茶，精于茶道，对中国茶业和世界茶业发展做出了卓越贡献，被誉为"茶仙"，尊为"茶圣"，祀为"茶神"。

陆羽所撰《茶经》3卷，是世界第一部茶叶专著；是唐代和唐以前有关茶叶的科学知识和实践经验的系统总结；是陆羽躬身实践，笃行不倦，取得茶叶生产和制作的第一手资料，又遍稽群书，广采博收茶家采制经验的结晶。

在中国茶文化史上，陆羽所创造的一套茶学、茶艺、茶道思想，即：入乎其中，出乎其外，将深刻的学术原理融于茶这种物质生活之中，是一个划时代的标志。

## ● 唐初四杰

初唐文学家王勃、杨炯、卢照邻、骆宾王的合称，是初唐文坛上新旧过渡时期的人物。四杰齐名，就其诗文而言，主要指骈文和赋。四杰的诗文虽未脱齐梁以来绮丽余习，但已初步扭转文学风气。他们的诗歌，从宫廷走向人生，题材较为广泛，风格也较清俊。卢、骆的七言歌行趋向辞赋化，气势稍壮；王、杨的五言律绝开始规范化，音调铿锵。骈文也在词采赡富中寓有灵活生动之气。

## ● 《唐律》

唐代法律的总称，主要指《永徽律》《武德律》《贞观律》等法典，是传世的中国古代最早、最完整的一部法典，对亚洲许多国家产生显著影响，对调整统治阶级内部各集团之间、各成员之间的关系，保证统治机构正常运行起积极作用。

《武德律》是唐高祖时以《开皇律》为蓝本所制订的法典，共12篇500条，内容与《开皇律》基本相同，于武德七年（624）颁行；《贞观律》是唐太宗命房玄龄等人根据《武德律》编撰的法典，共12篇500条，于贞观十一年（637）颁行；《永徽律》是唐高祖命长孙无忌等人根据《武德律》和《贞观律》编撰的法典，以保护封建土地所有制、维护封建宗法制度、加强皇帝的权力、统治和镇压农民为主要内容，是中国现存最完备的一部封建法典。

## ● 《大衍历》

亦称开元大衍历，因立法依据《易》象大衍之数而得名，由唐代著名天文学家和佛学家一行撰著。该历法系统周密，比较准确地反映了太阳运行的规律，表明中国古代历法体系的成熟。一行从实测中意识到，在小范围有限的空间里得到的认识，不能任意向大范围甚至无际的空间推演，这是我国科学思想史上的一大进步。

## ● 《唐六典》

全称《大唐六典》，是唐朝一部行政性质的法典，也是中国现有的最早的一部行政法典。《唐六典》始撰时，准备仿照周礼六官安排体例，但实际是以唐代诸司及各级官佐为纲目。首卷为三师、三公、尚书都省；以下依次分卷叙述吏、户、礼、兵、刑、工六部；然后叙门下、中书、秘书、殿中、内侍等五省，以及御史台、九寺、五监、十二卫和东宫官属。末卷为地方职官，分叙三府、都督、都护、州县等行政组织。正文记叙了唐朝中央、地方各级官府的组织规模、官员编制（定员与品级）及其职权范围，具有较高的文献价值。

## ● 《通典》

中国第一部典章制度的百科全书，也是成就最高的一部体例完备的典章制度专史，通记历代典章制度建置沿革史，分为食货、选举、职官、礼、乐、兵、刑、州郡、边防九典，各冠总论，下系子目，达1584条，正文约170万字，注文约20万字。《通典》广采群经、诸史、地志，汉魏六朝文集、奏疏，唐国史、实录、档案、诏诰文书、政令法规、大事记、《大唐开元礼》及私家著述等，皆按时间顺序分类编撰。各典对历代制度多究其原本、明其始末，引前人之议、参以己见、见其得失，为中国典制文化专史的首创之作，对后世史书编纂影响巨大。

## ● 《大唐西域记》

简称《西域记》，为唐太宗钦定、玄奘亲自编撰、其弟子整理而成，共12卷，成书于贞观二十年（646），为玄奘游历印度、西域旅途19年间的游历见闻录，记述了128个国家和地区的都城、地理、历史、语言、文化、生产生活、物产风俗、宗教信仰等情况，是研究中外文化交流、佛教历史及交通史、民族史的珍贵资料。

《大唐西域记》对印度历史的影响相当重要，因为印度虽然创造了相当重要的古代文明，但从来不注重记录历史，玄奘的记载对研究印度历史是不可多得的宝藏，是继晋代法显之后又一取经游记巨著。

## ● 《莺莺传》

唐代传奇，原题《传奇》，因传中有赋《会真诗》的内容，俗亦称《会真记》。元稹撰，收入《太平广记》488卷，收录时改作《莺莺传》，沿用至今。《莺莺传》描写的是张生与崔莺莺恋爱，后来又将其遗弃的故事。其文笔优美，描述生动，于叙事中注意刻画人物性格和心理，较好地塑造了崔莺莺的形象，真实地反映了她克服犹豫、动摇而终于背叛封建礼教的曲折过程，以及在思想上未能彻底摆脱社会、出身、教养所加给她的精神桎梏，表现了思想性格中软弱的一面。相比之下，张生的形象则写得较为逊色。这就使得人物形象前后不统一，造成了主题思想的矛盾。由此可见，作品的客观艺术效果与作者的主观议论评价是不一致的。

## ● 唐长安城

隋朝称之为大兴城，唐朝易名为长安城，为隋唐两朝的首都，是中国历史上规模最为宏伟壮观的都城，也是当时世界上规模最大的城市，反映出大一统王朝的宏伟气魄。为体现统一天下、长治久安的愿望，城池在规划过程中包揽天时、地利与人和的思想观念，体现法天象地、帝王为尊、百僚拱侍之势。龙首原上大明宫的建立，使李唐王朝统治者更加占有高亢而优越的地理位置。站在龙首原上，俯瞰全城，更显一代帝国一统天下的气度与风范。唐长安城按中轴对称布局，由外郭城、宫城和皇城组成，城内街道纵横交错，城市总体规划整齐，布局严整，其形制是中国古代城市、尤其是都城建设的典范。

## ● 唐人街

最早称大唐街，也称中国城。由于唐朝在中国历史上是一个强盛的朝代，在世界历史上是中华文明的典范，所以海外华侨、华人往往称自己是唐人，其聚居的地方因此得名。现在很多地方，唐人街已成为中华文化区的代名词，无论是商业休闲、餐饮娱乐，还诸多古玩珍品，均体现出东方华夏的色彩。同时，唐人街办起了华人子弟学校，从事中文教育，兼有各种同乡会、俱乐部、影剧院等，逐渐成为富有中国民族特色的特殊街区，而其华人聚居地的本意也已褪去。

## ● 莫高窟

俗称千佛洞，被誉为20世纪最有价值的文化发现，是中国著名的四大石窟之一，也是世界上现存规模最宏大、保存最完好的佛教艺术宝库。莫高窟位于敦煌市东南25公里处，开凿在鸣沙山东麓断崖上，南北长约1600余米，上下排列5层、高低错落有致、鳞次栉比，形如蜂房鸽舍，壮观异常，是集古建筑、雕塑、壁画三者于一身的古典文化艺术宝库，尤以丰富多彩的壁画著称于世。环顾洞窟四周和窟顶，到处充满着佛像、飞天、伎乐、仙女，佛经故事画、经变画、佛教史迹画，及各式精美的装饰图案。它始建于十六国时期，隋唐兴盛时期，随着丝绸之路的繁荣，莫高窟更是兴盛。

## ● 慈恩寺塔

又名大雁塔，建于唐高宗永徽三年，因坐落在慈恩寺内，故又名慈恩寺塔。塔身呈方形角锥状，为青砖砌成，各层壁面成柱枋、栏额等仿木结构，每层四面都有券砌拱门。这种楼阁式砖塔，造型简洁，气势雄伟，是中国佛教建筑艺术的杰作。慈恩寺是唐长安城内最著名、最宏丽的佛寺，是唐代皇室敕令修建的。唐三藏——玄奘，曾在这里主持寺务，领管佛经译场，创立佛教宗派，而寺内的大雁塔又是他亲自督造的，所以慈恩寺在中国佛教史上具有十分突出的地位，一直受到国内外的重视。

## ● 昭陵六骏

昭陵是唐太宗李世民和文德皇后的合葬墓，六骏是置于昭陵祭坛两侧庑廊中的6幅浮雕石刻，也指唐太宗经常乘骑的6匹战马，既象征李世民经历的主要的6次战役，又表彰他在唐王朝创建过程中立下的赫赫战功。六骏采用高浮雕手法，以简洁的线条、准确的造型，生动地表现出战马的体态、性格和战阵中身冒箭矢、驰骋疆场的情景。石刻所表现的6匹骏马3匹为奔驰状，3匹为站立状，均为三花马鬃，束尾，这是唐代战马的特征，其鞍、鞯、镫、缰绳等，都逼真地再现了唐代战马的装饰。

六骏分别指：飒露紫、拳毛䯄、青骓、什伐赤、特勒骠、白蹄乌。

### ● 乐山大佛

又名凌云大佛，雕凿在岷江、青衣江、大渡河三江汇流处的岩壁上，依岷江南岸凌云山栖霞峰临江峭壁凿造而成，为弥勒佛坐像，与乐山城隔江相望。乐山大佛双手抚膝、正襟危坐，造型庄严、设计巧妙，是唐代摩崖造像中的艺术精品之一，是世界最大的石刻弥勒佛坐像。大佛通高71米，头高14.7米、宽10米，发髻1021个，耳长7米，鼻长5.6米，眉长5.6米，口和眼长各3.3米，颈高3米，肩宽24米，手指长8.3米，从膝盖到脚背28米，脚背宽8.5米，脚面可围坐百人，被诗人誉为"山是一尊佛，佛是一座山"。

### ● 唐三彩

一种盛行于唐代的陶器，以黄、白、绿为基本釉色，后来人们习惯地将这类陶器称为唐三彩。唐代是中国封建社会的鼎盛时期，经济上繁荣兴盛，文化艺术上群芳争艳，唐三彩就是这一时期产生的一种彩陶工艺品。它以造型生动逼真、色泽艳丽和富有生活气息而著称，吸取了中国国画、雕塑等工艺美术的特点，采用堆贴、刻画等形式的装饰图案，线条粗犷有力。唐三彩种类很多，包含人物、动物、碗盘、水器、酒器、文具、家具、房屋等各种题材。较为人喜爱的是马俑，有的扬足飞奔、有的徘徊伫立、有的引颈嘶鸣，均表现出栩栩如生的各种姿态。人物则根据其社会地位和等级，刻画出不同的性格和特征，贵妇面部丰圆、衣着艳丽；文官彬彬有礼；武士刚烈勇猛；胡俑高鼻深目；天王怒目威武、雄壮气概，实为我国古代雕塑的精品典范。

## ● 越 窑

中国古代南方最著名的青瓷窑场和青瓷系统，也称秘色窑，在越州境内（今浙江余姚上林湖滨湖地区），故而得名。唐朝是越窑工艺最精湛时期，居全国之冠。盛唐以后，产品精美，赢得声誉。口沿常做成花口、荷叶口、葵口，底部加宽，做成玉璧形、玉环形或多曲结构，十分美观。胎体为灰胎，细腻坚致；釉为青釉，晶莹滋润，如玉似冰。

## ● 邢 窑

唐代最著名的白瓷窑场。邢窑所烧白瓷，胎质细洁，色纯白而极坚硬。釉色白润，有的微微闪黄，带些乳白色。胎与釉之间，有一层护胎釉（化妆土）。器内施满釉，器外釉不到足。碗多折边，圈足厚而底平。风格朴素，不带纹饰。前人以"皎洁如玉"形容邢窑之白。

# 纷纷扰扰的五代十国

## （907—960）

### ● 朱温篡唐

朱温最初曾参加黄巢起义军，后降唐，被唐僖宗赐名全忠。唐中和四年（884），朱温废李代唐称帝，改名晃（如日之光之意），是为后梁太祖，定都开封（后曾一度迁都洛阳），国号梁（史称后梁），改元开平，由此掀开了五代十国的篇章。

### ● 周世宗改革

周世宗柴荣，后周第二代皇帝。显德元年（954），柴荣即位，继续推行改革。政治上，澄清吏治，严明赏罚，惩治贪赃，倡导节俭，力戒奢华；经济上，鼓励逃户回乡定居，减免各种无名科敛，安抚流民，编制《均田图》，废除曲阜孔氏免税特权，动员民众兴修水利，疏浚漕运；军事上，整肃军纪，赏罚分明，裁汰老弱，选留精锐；文化上，修订刑律、历法，考正雅乐，广搜遗书，雕印古籍。周世宗采用"先易后难"的战略方针，致力于统一全国的大业，为北宋统一全国奠定了基础。

### ● 文盲皇帝王建

五代十国时前蜀皇帝王建，少时以屠牛、盗驴、贩私盐为生，好习武，后投忠武军，唐僖宗为避黄巢起义军兵锋而逃奔成都，王建等五都头率兵入蜀，被号为随驾五都，后分典神策军。903年，唐封王建为蜀王。据此，王建北有汉中，东有三峡，割据蜀地的基础稳固。在唐亡同年（907年），在成都称帝，国号蜀（史称前蜀）。当时中原战乱，前蜀建立后没有大规模战争，民众得以继续进行生产，文士多奔于蜀，王建目不知书而喜与文士谈论，并口述文来告诫其子，使得前蜀大有唐朝文风的气象。

### ● 南唐后主李煜

五代十国时南唐国君，史称李后主。李煜虽不通政治，但其艺术才华却非凡。李煜精书法，善绘画，通音律，诗和文均有一定造诣，尤以词的成就最高。内容主要分为两类：一类为降宋之前所写的，主要反映宫廷生活和男女情爱，题材较窄；一类为降宋后，李煜因亡国的深痛而对往事的追忆，富有真情实感，此时期的作品远远超过前期，可谓神品，一句"故国不堪回首月明中"阐述了一代词帝的兴衰荣辱。

### ● 后　梁

五代十国之一，自907年梁太祖朱全忠（朱温）建国至923年梁末帝亡国，历三主，共17年，定都开封。盛时疆域约为今河南、山东两省，陕西、湖北的大部以及河北、安徽、江苏、山西、甘肃、宁夏、辽宁等地的一部分。朱温在称帝前后，革除了一些唐朝积弊，奖励农耕，减轻租赋，基本上统一黄河中下游地区，但他残暴成性，战争中滥行杀戮，连年作战，使黄河两岸遭到严重破坏。后内部分裂，国力进一步削弱。

### ● 后　晋

五代十国之一，从后晋高祖石敬瑭936年灭后唐开国到契丹947年灭后晋为止，历二帝，前后12年，定都开封。盛时疆域约为今山东、河南两省，山西、陕西的大部及河北、宁夏、甘肃、湖北、江苏、安徽等地的一部分。后晋建国后一直处于动荡状态，石敬瑭割地称儿的做法受到许多人的反对，临终时立其子侄石重贵为继承人。石重贵首先宣称对耶律德光称孙，不称臣。对此，契丹三次南下，在后晋重臣杜重威降契丹后，后晋主力丧失，石重贵被迫投降，后晋灭亡。

### ● 后　汉

五代十国之一，后汉高祖刘知远所建，定都开封，历二帝，前后约4年。盛时疆域约为今山东、河南两省，山西、陕西的大部及河北、宁夏、湖北、安徽、江苏等地的一部分。刘知远亦曾向契丹纳贡，但当时人民坚决反抗契丹，有的藩镇也拒绝投降。刘知远对契丹南下采取观望态度。948年，契丹耶律德光称帝于开封，国号辽，刘知远亦在太原称帝，改国号大汉，史称后汉。他下诏禁止搜括钱帛，并诏慰抗击辽之民众，人心归附。951年，继承王位的隐帝承祐被杀，后汉亡。

● 后　周

五代十国之一，周太祖郭威所建，定都开封，历三帝（二姓），共10年。盛时疆域约为今山东、河南两省，陕西、安徽、江苏的大部，河北南部、湖北北部及内蒙古、宁夏、甘肃、山西等地的一部分。951年，后汉隐帝被杀，次年正月，郭威即帝位，是为太祖，改国号周，史称后周。郭威针对前朝弊政，进行了一些改革，刑罚有所轻减，某些苛税被废止，部分官田散给佃户，停止州府南郊进奉，这些措施在一定程度上减轻了对人民的压迫剥削。后周时期的政治，经济实力的增强，为北宋统一中原地区奠定了基础。

● 吴　越

五代十国之一，钱镠所建，自西纪895年立国至978年归宋，历三世五王，共84年，定都杭州（今属浙江）。盛时疆域达13州，约为今浙江全省、江苏西南部、福建东北部。在十国中，吴越是比较安定的地区。钱镠修筑钱塘江石塘，又置都水营使，主管水利事业，专管治河筑堤，发展了太湖一带的圩田。通过这些措施，使境内农业生产获得发展。吴越的手工业丝织、造纸，特别是陶瓷，都在唐代基础上进一步发展，常由海道与中原以及契丹贸易，与大食、日本也有贸易往来。杭州成为两浙地区政治、经济、文化中心。

● 幽云十六州

又称燕云十六州、幽蓟十六州。936年，后唐河东节度使石敬瑭反唐自立，向契丹求援。契丹出兵扶植其建立晋国，辽太宗与石敬瑭约为父子。作为条件，两年后，石敬瑭把燕云十六州之地献出来，使得辽国的疆域扩展到长城沿线。燕云十六州被割让以后，中原失去了与北方游牧民族之间的天然和人工防线，辽国也开始从单纯的游牧民族，向游牧与农耕相交杂的民族。在燕云十六州，汉族也和契丹族混居。

● 父皇帝、儿皇帝

五代时石敬瑭借契丹太宗耶律德光之助建立后晋，与其他政权抗衡。他虽为皇帝，仍向契丹称臣，称耶律德光为父，自称儿皇帝。此后北汉附辽，则称侄皇帝。后世因作为叛臣的代称。

## ● 词的发展

词，诗歌的一种。因是合乐的歌词，故又称曲子词、乐府、乐章、长短句、诗余、琴趣等。始于唐，定型于五代，盛于宋。唐代从西域传入的各民族的音乐与中原旧乐渐次融合，并以胡乐为主产生了燕乐。原来整齐的五、七言诗已不适应，于是产生了字句不等、形式更为活泼的词。

词最早起源于民间，后来文人依照乐谱声律节拍而写新词，叫作"填词"或"依声"。从此，词与音乐分离，形成一种句子长短不齐的格律诗。五、七言诗句匀称对偶，表现出整齐美，而词以长短句为主，呈现出参差美。词有词牌，即曲调。有的词调又因字数或句式的不同有不同的"体"，结构分为"片"或"阕"。

由于词在晚唐、五代、宋初多是酒席宴前娱宾遣兴之作，故有"词为小道、艳科""诗庄词媚"之说。随着词的发展，成为和诗歌同等地位的文学体裁。

## ● 契丹文字

契丹民族在建立契丹王朝后，为适应政治、经济和文化等方面的需要，曾参照汉字先后创造了两种文字，用以记录契丹语。神册五年（920）由耶律鲁不古、耶律突吕不所创制的一种契丹大字，共3000余字。之后，由耶律迭剌创制的已发展到拼音文字初级阶段的一种文字，称契丹小字。两种契丹文字在辽代与汉字并行。辽灭金兴，契丹字又与女真字和汉字并行于金朝境内。明昌二年（1191），金章宗完颜璟明令废除契丹文字，契丹字在金朝境内遂渐绝用，但在中亚河中地区的西辽则继续行用。至明代已无人认识。

## ● 行会的出现

在封建社会，为了阻止外来手工业者的竞争和限制本地同行业的手工业者之间的竞争，城市手工业者建立起一种组织叫行会。隋唐五代时，随着商品经济的发展，城市里兴起了行会组织。这些行会有肉行、铁行、面行、米行、药行、香行、磨行、油行、碳行、果子行等。有的同一行业内，还有不同的行会，如纺织业中，就有彩帛行、丝绢行、大绢行、小绢行等。行会有行头、行首等，负责规范与监督本行"行人"的交易行为，维护合法交易秩序。

行会既有积极作用，也有消极作用。行会后期的种种规定，不仅限制了自由竞争，限制了从业人员数量，限制了商品的大量生产，而且限制了新生产工具的应用。行会的建立意味着对外来工人或其他行业及不归属本行会者的排斥，行会还带有一定的宗教色彩，宗教信仰不同也会产生有不同观念的行会，各行会间常因为某些宗教分歧或观念的不同而发生冲突。有些行会势力相当大，而小的行会常被大的行会吞并或排斥。

# 兴衰荣辱的大宋天下

## （960—1279）

## 北宋（960—1127）

### ● 赵匡胤黄袍加身

宋太祖赵匡胤出生时，威赫数百年的大唐帝国已经在世界上消失整整20年了。赵匡胤在后周世宗时，任殿前都点检，领宋州归德军节度使，掌握兵权。960年，后周举行朝见大礼时，忽接到边关急报，北汉国主和辽朝联合攻打后周边境。赵匡胤领命出征，率大军从汴京出发，当晚在距京城20里的陈桥驿处命将士就地扎营休息。一些将领却聚集在一起，悄悄商议拥护赵匡胤做皇帝。第二天清晨，将领们闯入帐中嚷着说："我们已经商定非请点检即位不可。"随后，将早已准备好的黄袍披在赵匡胤身上并高呼万岁。大军转回汴京，在内应的帮助下解除了京畿的防卫，周恭帝让位。

赵匡胤乘"主少国疑"之机，发动"陈桥兵变"，夺取后周政权，建立宋朝，史称北宋，改元建隆，经过50多年混战的五代时期宣告结束。

### ● 杯酒释兵权

通过陈桥兵变得势的赵匡胤认识到，武将在废立皇帝、改朝换代方面作用非常。藩镇权力过大，会影响中央兵权的统一与集中，进而威胁政权的稳定。赵匡胤遂废除殿前都点检一职，引出"杯酒释兵权"。一日，太祖设宴，酒过三巡，故作愁眉不展状道："做皇帝实在不如做节度使轻松，整晚都不敢安枕而卧！"石守信等武将忙问其故，太祖遂言："谁不想做皇帝呢？"群臣惊恐之余，恳请太祖指一条可生之途。太祖遂表明真正意图——释去兵权，出守地方，以终天年。第二天，武将纷纷称病离职。这样，赵匡胤通过刚柔并济、怀柔安抚，轻而易举地解决了天下统一后的军权问题。

## ● 宋朝兵制

北宋时期，进一步强化中央集权，军事制度发生巨大变化。皇帝直接掌握军队的建置、调动和指挥大权。其下军权由三个机构分任。枢密院为最高军事领导机关，掌军权及军令；三衙，即殿前司、侍卫马军司和侍卫步军司，为中央最高指挥机关，分别统领禁军和湘军；率臣，为禁军出征或镇戍是临时委任的将帅，统领地分属三衙的禁军，事毕皆撤销。枢密院有调兵之权，却不掌管军队，三衙掌管军队，却无调兵之权，从而实现了发兵之权与握兵之重的分离。这种体制对于消除唐以来绵延200多年藩镇割据的局面，起到了重大作用。

## ● 内外相制

宋太祖赵匡胤鉴于唐末五代藩镇割据对国家造成的危害，采纳丞相赵普的建议，实行强干弱枝的政策，即收天下精兵尽数送往京师充当禁军，地方上只保留少数供役使出厢的兵勇。当时，禁军约有20万，10万屯扎于京师，以制外变，10万屯扎于外郡，以防内患。如此环环相扣，加强了中央的集权统治。

## ● 主客户制

宋代户籍分为主户和客户。主户，指拥有土地和资产，承担租税赋役的人户，亦称税户，又分为城郭主户和乡村主户。坊郭主户根据房产等的多少区分为十等，乡村主户根据常产的多少划分为五等。按照规定，根据占田多少、户等高低承担国家的赋役，占田越多、户等越高，承担的赋役也就越重。由于大地主隐田漏税，规避差役，大部分赋役落在中下层地主，特别是广大自耕农民、半自耕农民身上。

客户，指无土地和资产的人户，亦分为城郭客户和乡村客户。客户绝大多数是佃户，散居农村，佃人之田以谋生。在实行封建租佃制的广大地区，客户同主人结成了封建的契约关系。宋代客户已经发生明显分化，其中少数有田园的客户，有的上升为主户或发展成佃富农，有的去做商贩并成为富商。宋以后，一般将非土著居民称为客户或流移客户，但客户不列在政府的户口统计中。

## ● 雍熙北伐

雍熙三年（986），宋军分兵三路北伐辽朝。潘美为云（今山西大同）、应（今山西应县）、朔（今山西朔州）等州行营都部署，杨业副之，率西路军出雁门，连克寰（今山西朔州东）、朔及云、应等州。但东路军在岐沟关（今河北涿州市西南）被契丹主力打败。宋太宗急令宋军撤退，并命潘美、杨业所率的西路军护送百姓内迁。杨业孤军奋战，最后负伤被俘，绝食三日，壮烈就义。通过高粱河与岐沟关两次决战，契丹在军事上掌握了极大的优势。

## ● 寇　准

字平仲，北宋政治家、诗人。淳化五年（994）为参知政事，其政治才能深得宋太宗赏识。景德元年（1004），辽军大举侵宋，寇准力主抵抗，并促使真宗渡河亲征，与辽订立澶渊之盟，起到稳定局势的作用。

寇准与宋初山林诗人潘阆、魏野、"九僧"等为友，诗风近似，被列入晚唐派。其五律，情思凄婉；七言绝句，意新语工，最有韵味，情景交融，清丽深婉是值得玩索的佳作。现存《寇莱公集》7卷，《寇忠愍公诗集》3卷。

## ● 澶渊之盟

北宋与辽经过多次战争后所缔结的一次盟约，因澶州又名澶渊，史称澶渊之盟。宋真宗景德元年（1004），辽萧太后与辽圣宗耶律隆绪以收复瓦桥关（今河北雄县旧南关）为名，亲率大军深入宋境。至定州，双方出现相峙局面，其间，宋劝萧太后讲和，辽恐腹背受敌，提出和约，初为真宗所拒。其后，辽军集中主力三面包围澶州（今河南濮阳）。此时，宋真宗抵澶州，寇准力促宋真宗登上澶州城门以示督战。此战之后，北宋迈向巅峰，辽国关南之地得而复失。

澶渊之盟，从中华民族发展的历史来看，有积极的一面，它结束了辽宋之间几十年的战争，此后辽宋边境长期处于相对和平的状态，有利于边境地区的生产和发展；从长远来看，有利于我国多民族国家的发展和统一。

## ● 庆历和议

1040—1042年，西夏连续对宋发动三次大规模战事，西夏虽屡胜，但掳掠所获财物与先前依照和约及通过榷场贸易所得物资相比，实在得不偿失。庆历四年（1044），宋朝与西夏最后达成协议。此后，西夏多次派遣使者请求宋朝开放边境地区的互市。庆历五年（1045），宋朝决定在保安军（今陕西志丹）和镇戎军（今宁夏固原）的安平皆设置两处榷场，恢复了双方贸易往来。

## ● 榷　场

宋、辽、西夏、金各政权在边界地点设置的互市市场。榷场贸易是因各地区经济交流的需要而产生的。对于各政权统治者来说，还有控制边境贸易、提供经济利益、安边绥远的作用。所以榷场的设置，常因政治关系的变化而兴废无常。虽然当时民间走私贸易十分活跃，榷场贸易仍是不同政权各地区间经济交流的重要途径。

澶渊之盟后，宋辽之间主要有宋雄州（今河北雄县）、霸州（今河北霸州）、安肃军（今河北徐水）、广信军（今河北徐水西）等四榷场，以及辽新城（今河北新城东南）榷场；宋夏之间，主要有保安军（今陕西志丹）、镇戎军（今宁夏固原）等榷场；辽夏间则有振武军（今内蒙古和林格尔西北）榷场；金夏间主要在兰州（今甘肃兰州）、保安州（今陕西志丹）、等地设立榷场；宋金之间先后在宋境的盱眙军（今江苏盱眙）、光州（今河南潢川），以及金境的泗州（今江苏境内）、寿州（今安徽凤台）等地置立榷场。

## ● 市舶司

中国古代官署名，负责对外（海上）贸易之事。唐时对外开放，外商来货贸易，广州等城市成为重要通商口岸，国家在此设市舶司，或特派，或由所在节度使兼任，职掌检查进出船舶蓄货、征榷、贸易诸事，五代时废止。宋代重视海外贸易，开宝四年（971）在广州设市舶使，掌海上贸易。徽宗崇宁元年又在杭州、明州（今宁波）、密州（今山东胶县）、秀州（今上海淞江县）等地设市舶司，负责检查进出船只商货、收购专卖品、管理外商。

## ● 王安石变法

指北宋时期，大臣王安石发动的旨在改革北宋建国以来积弊的一场改革。北宋中叶以后，内部方面，政府官员数目持续膨胀激涨，土地兼并日益严重；对外方面，对辽、西夏等国的战争，使得军事费用增加，使得北宋的国库空虚，人民生活压力更加沉重。熙宁二年（1070），王安石任参知政事，设置三司条例司，议行新法，实施理财富国之法：方田均税法、均输法、青苗法、农田水利法、市易法、募役法；强兵之法：保甲法、裁兵法、将兵法、保马法、军器监法；取士之法：太学三舍法、贡举法。王安石的变法对于增加国家收入，有着积极的作用，但并未处理好具体实行的问题以及与反对者的关系，于是与反对者长期反覆争斗，导致处于被批评的局面。

其主要原因是：政策未能对症下药，王安石的变法所针对的只是皮毛，远未到核心问题；支出太多，而支出太多则是因为冗官；政策本身的缺点，如青苗法、免役法之实行，与理想相去悬绝；拘泥古制，王安石的新法皆出于先王及孔子遗训，以塞反对新法之人的口，而源于古制的新法，未必一切都合时合宜；刚愎自用，王安石性刚，创行变法之初用心太过，自信太厚，以致招致反对。

## ● 包　拯

字希仁，天圣朝进士。累迁监察御史，建议练兵选将、充实边备。奉使契丹还，历任三司户部判官，京东、陕西、河北路转运使。入朝担任三司户部副使，请求朝廷准许解盐通商买卖。改知谏院，多次论劾权幸大臣。授龙图阁直学士、河北都转运使，历权知开封府、权御史中丞、三司使等职。包拯做官以断狱英明刚直而著称于世。知庐州时，执法不避亲党；在开封时，开官府正门，使讼者得以直至堂前自诉曲直；杜绝奸吏，立朝刚毅。后世将其当做清官的化身，人称包青天。

## ● 蔡京擅权

蔡京，北宋奸臣，先后4次任相，共达17年之久。在任期间，设应奉局和造作局，大兴花石纲之役；建延福宫、艮岳，耗费巨万；设西城括田所，大肆搜刮民田；为弥补财政亏空，尽改盐法和茶法，铸当十大钱，币制混乱，民怨沸腾。时人称其为"六贼之首"。靖康元年（1126），宋钦宗即位，蔡京被贬岭南，途中死于潭州（今长沙）。

## ● 方腊起义

北宋末年的一次农民起义。当时赋役繁重，"人不堪命，遂皆去而为盗"。宣和二年（1120），贫苦农民方腊假托"得天符牒"，率领农民，以帮源峒为据点，聚集贫苦农民，号召起义，很快发展到上万人。义军尊称方腊为"圣公"，置将帅分为6等，头扎红巾等各色头巾作为标志，建立农民政权，史称义军先后攻下6州50多县。义军骤然兴起，切断了宋王朝的经济命脉，宋徽宗等惊恐万状，调集京畿禁军和陕西六路蕃、汉兵15万，南下镇压。方腊带领义军奋力苦战，因粮尽援绝，退守帮源峒，后腹背受敌，被俘壮烈就义。

## ● 水泊梁山

位于山东省西南部梁山县境内，由梁山、青龙山、凤凰山、龟山四主峰和虎头峰、雪山峰、郝山峰、小黄山等七支脉组成，占地面积3.5平方公里。古典名著《水浒传》的故事就发生在这里。北宋末年，宋江结天下英雄好汉，凭借水泊天险，替天行道，除暴安良，声震天下。

宋江马道：起自梁山北麓的后寨，蜿蜒南伸，曲折回旋，越过黑风口，直达虎头峰上的宋江大寨，是义军将士搬运粮草、报事上哨，防卫进攻的要道。

梁山一关：山寨第一道门——梁山一关，木质结构，栅栏形式，有浓郁的山寨特点，也是进入梁山的第一道屏障。

梁山主峰虎头峰：顶端开阔平坦，易筑营扎寨，东、西、南三面危岩壁立，四周有两道内外石砌环山寨墙围绕，北侧有两重扭头门。

号令台：义军查望寨情，向各寨通报信息，出征、收兵的指挥枢纽，坐落在分军岭与黑风口的制高点上，是梁山诸峰的核心位置和中段制高点。

黑风口：两侧悬崖峭壁，谷幽涧深，有"一夫当关，万夫莫开"之势，号称梁山第一险关。

梁山大寨聚义厅：梁山好汉一百单八将的大本营也是当年义军的指挥中心。该建筑由演兵场、山门、忠义堂、中廊、回廊栈道、议事房及望楼组成。

## ● 靖康耻

中国历史上一次著名事件，发生于北宋钦宗靖康年间（1126—1127），又称靖康之难、靖康之祸和靖康之变，靖康之变导致北宋灭亡。

北宋宣和二年（1120），金兵攻破辽中京、燕京，辽国灭亡。金灭辽之役严重暴露宋军的腐败。北宋宣和七年（1125），金兵以私纳叛金降将为由，分东、西两路南下攻宋。东路金兵破燕京，渡过黄河，南下汴京（今河南开封）。宋徽宗见势危，禅位于太子赵桓，是为宋钦宗。靖康元年（1126），东路金兵进至汴京城下，逼宋议和后撤军。同年八月，金兵又两路攻宋，会师攻克汴京。宋钦宗亲自至金兵军营议和，被金人拘禁。金太宗下诏废宋徽宗、宋钦宗二帝，贬为庶人。靖康二年（1127年），北宋宣告灭亡。

## ● 欧阳修

字永叔，自号醉翁，晚年号六一居士，世称欧阳文忠公，北宋政治家、文学家、史学家、诗人；与唐韩愈、柳宗元，宋王安石、苏洵、苏轼、苏辙、曾巩合称唐宋八大家。其政治和文学方面均主张革新，既是范仲淹庆历新政的支持者，也是北宋诗文革新运动的领导者。欧阳修创作实绩亦粲然可观，诗、词、散文均为一时之冠。散文说理畅达，抒情委婉；诗风与散文近似，重气势而能流畅自然；其词深婉清丽，承袭南唐余风。欧阳修一生著述繁富，改革了唐末至宋初的形式主义文风和诗风，成绩斐然。

## ● 三 苏

北宋散文家苏洵及其子苏轼、苏辙。宋仁宗嘉定初年，由于欧阳修的赏识和推誉，苏洵和苏轼、苏辙的文章很快著名于世。士大夫争相传诵，一时学者竞相仿效。宋人王辟之《渑水燕谈录·才识》记载："苏氏文章擅天下，目其文曰三苏。盖洵为老苏、轼为大苏、辙为小也。"三苏的称号即由此而来。苏氏父子积极参加和推进了欧阳修倡导的古文运动，他们在散文创作上都取得了很高的成就，后来俱被列入唐宋八大家。三苏之中，苏洵和苏辙主要以散文著称，苏轼不但在散文创作上成果甚丰，而且在诗、词、书、画等各个领域都有重要地位。

## ● 司马光

北宋著名史学家、政治家、散文家。司马光在政治上是标准的守旧派人士。他认为，刑法新建的国家使用轻典，混乱的国家使用重典，这是世轻世重，不是改变法律；还认为，在守成时期，应偏重通过伦理纲常的整顿，来把人们的思想束缚在原有制度之内，即使改革，也定要稳妥。这与主持变法的王安石发生了严重分歧，其几度请求外任。熙宁四年（1071），他判西京御史台，自此身居洛阳15年不问政事。司马光的主要成就反映在学术上，其中最大的贡献，莫过于主持编写《资治通鉴》。

## ● 《资治通鉴》

简称通鉴，是北宋历史学家、政治家司马光及其助手历时19年编纂的一部规模空前的编年体通史巨著。全书294卷，约300多万字，另有《考异》《目录》各30卷。《资治通鉴》所记历史断限，上起周威烈王二十三年（公元前403），下迄后周显德六年（959），前后共1361年。内容以政治、军事和民族关系为主，兼及经济、文化和历史人物评价，目的是通过对事关国家盛衰、民族兴亡的统治阶级政策的描述，以警示后人。

《资治通鉴》自成书以来，历代帝王将相、文人骚客、各界要人争读不止。点评批注《资治通鉴》的帝王、贤臣、鸿儒及现代的政治家、思想家、学者不胜枚举。作为历代君王的教科书，对《资治通鉴》的称誉，除《史记》之外，几乎没有任何一部史著可与《资治通鉴》媲美。

## ● 《梦溪笔谈》

北宋科学家沈括所著笔记体著作，总结了中国古代主要是北宋时期的许多科技成就，在中国和世界史上有重要地位。沈括是中国科学史上最卓越的人物，《梦溪笔谈》是中国科学史的里程碑。

在天文学方面：阐释了沈括对浑仪、漏刻、圭表等天文仪器研制方面的许多创见，记述了"日有盈缩"这一重要发现及其关于实行阳历"十二气历"的建议；在物理学方面：记述了算家所谓的格术，沈括以之解释小孔和凹面镜成像，开辟了格术光学这一光学新领域；在数学方面：讨论了垛积问题，建立了隙积术，解决了高阶等差级数的求和问题；在地质地理方面：记述了沈括对浙江雁荡山、陕北黄土高原地貌地质的考察，明确提出了流水侵蚀作用说；在生物医学方面：多有记述，且大多观察准确，记录翔实，能够从实际出发，辨别真伪，补正古书之不足。

## ● 《清明上河图》

中国十大传世名画之一，北宋画家张择端存世的仅见的一幅精品。

《清明上河图》生动记录了中国12世纪城市生活的面貌，描绘了北宋都城汴京清明时节的繁荣景象与习俗风情。这在中国乃至世界绘画史上都是独一无二的。作品以长卷形式，采用散点透视的构图法，将繁杂的景物纳入统一而富于变化的画卷中，画中主要分开两部分，一部分是农村，另一部是市集。画中有人物814、牲畜83匹、船只29艘、房屋楼宇30多栋、车13辆、轿14顶、桥17座、树木约180棵，其间还穿插各种活动，注重情节，构图疏密有致，富有节奏感和韵律变化，笔墨章法都很巧妙，具有极高的史料价值。

## ● 宋　词

继唐诗之后的又一种文学体裁，基本分为：婉约派、豪放派两大类。词的初期极尽艳丽浮华，流行于市井酒肆之间，是一种通俗的艺术形式，五代时期词的题材还仅限于描写闺情花柳、笙歌饮宴等方面，虽然艺术成就上已经达到了相当的水准，但在思想内涵上层次还不够。随着词在宋代的文学中占据越来越重要的地位，词的内涵也在不断地充实和提高。至苏轼首开豪放词风，宋词已经不仅限于文人士大夫寄情娱乐和表达儿女之情的玩物，更寄托了当时士大夫对时代、人生乃至对社会政治等各方面的感悟和思考。宋词彻底跳出了歌舞艳情的巢窠，升华为一种代表时代精神的文化形式。

## ● 话　本

宋代兴起的白话小说，用通俗文字写成，多以历史故事和当时社会生活为题材，是宋元民间艺人说唱的底本。今存《清平山堂话本》《全相平话五种》等。宋代说话（说书）人的底本，也称话文或简称话。说话就是讲故事，类似现代的评书。话本的语言以白话为主，融合部分文言，其间亦穿插一些古典诗词。作为一种新的文学体裁，话本语言生动、泼辣，富于表演力，作品的主角多为手工业者、妇女、市井商人等，为新兴的市民阶层所喜闻乐见，对后代的通俗文学、戏剧、曲艺等产生很大影响。

## ● 程朱理学

亦称程朱道学，是宋明理学的主要派别之一，也是理学各派中对后世影响最大的学派之一。由北宋二程（程颢、程颐）兄弟开始创立，其间经弟子杨时，再传罗从彦，三传李侗的传承，至南宋朱熹完成。从广义上说，也包括由朱熹所摄入的北宋五子（周敦颐、邵雍、张载和二程）的学说，并延伸到朱熹的弟子、后学及整个程朱的信奉者的思想。由于朱熹是这一派的最大代表，故又简称朱子学。程朱理学在南宋后期开始为统治阶级所接受和推崇，经元至明清正式成为国家的统治思想。

## ● 活字印刷术

中国古代的四大发明之一，由北宋毕昇发明。他总结历代雕版印刷的丰富的实践经验，经过反复试验，改进雕版印刷的缺点，在宋仁宗庆历年间（1041—1048）制成了胶泥活字，实行排版印刷，完成了印刷史上一项重大的革命。毕昇发明活字印刷，提高了印刷的效率。但是，他的发明并未受到当时统治者和社会的重视，他死后，活字印刷术仍然没有得到推广，他创造的胶泥活字也没有保留下来。但是，他发明的活字印刷技术却流传下来，为后人称道。

## ● 火药的发明

中国四大发明之一，人类文明史上的一项杰出的成就。火药的研究始于中国古代炼丹术，火药的最初使用并非在军事上，而是在宋代诸军马戏的杂技演出，以及木偶戏中的烟火杂技中，以营造神秘气氛。宋代由于战争不断，对火器的需求日益增加，火药的军事运用已经相当成熟。史书记载了当时的生产规模："同日出弩火药箭七千支，弓火药箭一万支，蒺藜炮三千支，皮火炮二万支。"这些都促进了火药和火药兵器的发展，使得当时中国的科技遥遥领先于世界。

# 南宋（1127—1279）

## ● 岳飞抗金

岳飞，字鹏举，著名军事家、民族英雄、抗金名将、南宋中兴四将（岳飞、韩世忠、张俊、刘光世）之一。

12世纪，居住在中国东北松花江流域的女真族建立金国，在灭掉辽国后，于靖康二年（1127），攻陷汴京，北宋灭亡。赵构在南京应天府（今河南省商丘市）即位，建立起南宋王朝，定都临安。

南宋初，岳飞参加了北方人民组织的抗金队伍八字军，凭借勇敢和才干，屡立战功，后受到抗金老将宗泽的赏识，很快成为抗金将领。岳飞的军队纪律严明，百姓亲切地称其为岳家军。岳家军作战勇猛，常常能够以少胜多，金兵则称其为："憾泰山易，憾岳家军难！"

从 12 世纪 20 年代起，黄河南北、两淮之间，掀起了轰轰烈烈的抗金民族战争。岳飞和众多抗金名将一道，站在抗金斗争的最前线。

### ● 韩世忠

字良臣，南宋名将、民族英雄。韩世忠身材魁伟，勇猛过人，少年时曾为泼皮，被人戏称泼韩五。18 岁应募从军，英勇善战，胸怀韬略，在抵抗金兵南侵中建立战功。他持军严整，能与士卒同甘苦，知人善任，部下将校多成长为勇将。韩世忠生性直爽，为官正派，不肯依附奸相秦桧，为岳飞遭陷害而鸣不平，是南宋一位颇具影响的人物。

### ● 梁红玉

南宋著名抗金女英雄。史书中不见其名，只称梁氏。红玉是其战死后各类野史和话本中所取的名字。梁红玉结识韩世忠，感其恩义，以身相许，后多次随夫出征。在长江阻击战中亲执桴鼓，和韩世忠共同指挥作战，将入侵的金军阻击在长江南岸达 48 天之久，从此名震天下。后独领一军与韩世忠转战各地，多次击败金军。

### ● 宗　泽

字汝霖，南宋抗金大臣、民族英雄。靖康元年（1126）任磁州知州，时金兵入侵，宗泽积极修复城墙、整治兵器、招募义兵、广集粮饷，防止金兵进攻。其后，宗泽率军救真定，先以神臂弓挫敌凶焰，后纵兵进击，破金兵 30 余寨，斩敌数百，所获羊马金帛全部赏将士。是年冬，宋钦宗任康王为兵马大元帅，宗泽为副帅，泽率军途中遇敌，大破之。次年，率军至开德，与金兵打了 13 仗，仗仗获胜。建炎元年（1127），泽以 70 高龄任东京留守，与金兵隔黄河对峙。建炎二年，金兵大举入侵，宗泽又大破之，金溃不成军，尽弃辎重，自此宗泽威震天下。

### ● 李　纲

字伯纪，北宋末、南宋初抗金名臣、民族英雄。靖康元年（1126）

金兵侵汴京时，任京城四壁守御使，团结军民，击退金兵。但不久即被投降派所排斥。宋高宗即位初，一度起用为相，曾力图革新内政，仅75天即遭罢免。多次上疏，陈抗金大计，均未被采纳，后抑郁而终。李纲能诗文，写有不少爱国篇章，亦能词，其咏史之作，形象鲜明生动，风格沉雄劲健。

### ● 黄天荡之战

南宋建炎四年（1130），在宋金战争中，宋军与金兵在黄天荡（今南京东北）进行的一次水战。南宋建炎三年，金兵第三次南下深入长江地区，直逼临安。第二年，宋高祖赵构乘船入海逃向温州。此时，江南各地军民到处集结于山寨、水寨，打击金兵，使其处处受到威胁。韩世忠料金兵不能久踞江南，便大量制造战舰，率水军8000人截击金军于焦山、金山之间。此后，双方在长江展开激战。在宋军的阻击下，金兵进入河道湮塞的黄天荡（镇江西至仪征南），前进无路，后退受阻，长达40余日。最后，金兵在战船内装土，上铺木板，两舷凿洞安置桨棹，在无风时用火箭射宋船篷帆，遂得以渡江北归。

### ● 郾城大捷

宋高宗绍兴十年（1140），金朝撕毁和约，再次大举进犯。岳飞奉命坐镇郾城，指挥抗金。完颜兀术得知郾城兵少，亲率15000精锐骑兵突袭郾城。此时，岳飞只有背嵬军和部分游奕军，这是前所未有的恶战。当日下午岳家军与金军开始全军接战。在战斗最激烈的时刻，岳飞亲率40名骑兵突出阵前，左右开弓，箭无虚发。全军士气大振。在相持胶着后，金兵以最精锐的重甲"铁浮图"骑兵投入战斗，皆重铠，贯以"拐子马"向宋军压来，岳飞即令手持大斧、大刀的步兵上阵，专砍马腿，近身肉搏，"手拽厮劈"，拐子马相连，一马仆，二马不能行，官军奋击，遂大败之。

### ● 秦桧擅权

中国历史上十大奸臣之一，因以"莫须有"的罪名处死岳飞而遗臭万年。宋徽宗政和五年（1115年）登第，曾任太学学正，北宋末年任御史中丞，与宋徽宗、钦宗一起被金人俘获。南归后，任礼部尚书，两任宰相，前后执政19年。秦桧擅权的第一种手法是背后搬弄是非，造谣离间，出卖同僚；第二种手法是言语不多，却狠毒，甚至以一语害人。史书指出，秦桧凡陷害忠良，一般是用这种权术；第三种手法是一意孤行，排除异己，必欲置反对者于死地而后快；第四种手法是屡兴大狱，株连无辜，迫害与他稍有些微异意的人。经秦桧卖官鬻爵、开门纳贿、霸占田产、败坏军力、擅权主政的19年，使南宋初年军队的抗敌锐气丧失殆尽。

● 隆兴和议

这是南宋与金订立的第二个屈辱和约。绍兴三十一年（1161），金海陵王完颜亮为了实现"屯兵百万西湖上，立马吴山第一峰"的美梦，兵分四路南侵，不料在采石矶遇到虞允文的顽抗，同时金世宗完颜雍在辽阳称帝，使金兵发生哗变，完颜亮被杀，南下金兵无功而返。初登位的完颜雍无力对外用兵，故派使臣首先提出和议。由于宋孝宗继位之后，张浚北伐遭到符离之败，为主和派找到了口实，并且暗示金人出兵两淮，以迫和议。隆兴二年（1164），金兵大规模南下，迫近长江，宋廷最终决定与金重新议和。

● 嘉定和议

隆兴和议之后，宋金休战了40多年。金章宗（1190—1208）在位晚期，北边受到蒙古族的侵逼，内部又有各族人民的反抗。南宋重臣韩侂胄趁机对金用兵，进行北伐。开禧二年（1206），宋分道进兵，初时收复一些地方，不久金援兵南下，宋军大败。金人要求惩办，主和派竟杀死韩侂胄，函其首送给金兵。嘉定元年（1208），双方重定和约，史称嘉定和议。

● 绍熙内禅

绍熙是南宋皇帝宋光宗唯一的一个年号。淳熙十六年（1189），宋孝宗禅位于太子赵惇，即宋光宗，第二年改元绍熙。宋光宗长期患病，不能理政，李皇后操纵朝政，宦官、权臣乘机弄权，政治黑暗。绍熙五年（1194），太上皇病危去世，光宗始终未去问疾，也不执丧，朝中对此议论纷纷。有大臣向光宗建议由嘉王赵扩监国，光宗表示有意退位。枢密使赵汝愚和知阁门事韩侂胄遂拥立赵扩为帝，光宗被尊为太上皇，史称绍熙内禅。

## ● 庆元党禁

宋宁宗庆元年间韩侂胄打击政敌的政治事件。绍熙末，宋宁宗由赵汝愚和韩侂胄拥立为帝。赵汝愚出身皇族，韩侂胄是外戚，二人不合。庆元元年（1195），赵汝愚罢相，反对赵汝愚罢官的人都陆续被放逐。庆元二年，赵汝愚暴死于衡州（今湖南衡阳）。韩侂胄当政，凡和他意见不合的都称为道学之人，后又斥道学为伪学，禁毁理学家的语录一类书籍，科举考试稍涉义理之学者，一律不予录取。庆元三年，将赵汝愚、朱熹一派及其同情者定为"逆党"，开列"伪学逆党"党籍，名列党籍者受到程度不等的处罚，凡与他们有关系的人，也都不许担任官职或参加科举考试，史称庆元党禁。

## ● 文天祥

字宋瑞，自号文山，南宋后期杰出的民族英雄、军事家、爱国诗人、政治家。宋理宗宝祐四年（1256）进士第一名（状元），与陆秀夫、张世杰被称为"宋末三杰"。其晚年诗词，风格慷慨激昂，苍凉悲壮，具有强烈的感染力，反映了他坚贞的民族气节和顽强的战斗精神。1283年，在北京菜市口慷慨就义，年仅47岁。文天祥在狱中写作大量诗词，《过零丁洋》《正气歌》等作品已成为千古绝唱，是中华民族精神的象征。

## ● 李清照

号易安居士，婉约派代表词人。李清照出生于一个爱好文学艺术的士大夫家庭。李清照与太学生赵明诚结婚后，把整个身心都放在文学艺术的深造和金石文字的收集研究上。她同赵明诚互相砥砺，进行词的创作，技法日臻成熟。然而好景不长，新旧党争愈演愈烈，赵李隔河相望，饱尝相思之苦。1127年，金兵攻破汴京，徽宗、钦宗父子被俘，高宗南逃。李清照夫妇也随难民流落江南。后来金兵铁蹄南下，南宋王朝腐败无能，自毁长城。赵明诚胸怀满腔热血，可出师未捷身先死。目睹国破家亡的李清照虽处忧患穷困而志不屈，在"寻寻觅觅、冷冷清清"的晚年，她殚精竭虑，编撰《金石录》，完成丈夫未竟之功。金兵的横行肆虐激起她强烈的爱国情感，她积极主张北伐收复中原，可南宋王朝的腐朽无能和偏安一隅，使李清照的希望成为幻影。

李清照的词以南渡为界，分为前后两期。前期主要描写伤春怨别和闺阁生活的题材，表现了女词人多愁善感的个性；后期则充满了"物是人非事事休"的浓重伤情调，从而表达了她对故国、旧事的深情眷恋。

● 宋四家

苏轼、黄庭坚、米芾、蔡襄的合称，此四人被认为是最能代表宋代书法成就的书法家。苏轼，字子瞻，号东坡居士，北宋著名文学家、书画家。诗词开豪放一派，为唐宋八大家之一。黄庭坚，字鲁直，号山谷道人，后世称他黄山谷，晚号涪翁，北宋诗人、书法家。米芾，字元章，号襄阳漫士、海岳外史、鹿门居士。宋徽宗诏为书画学博士，人称米南宫。米芾能诗文、擅书画、精鉴别，集书画家、鉴定家、收藏家于一身，在宋四家中首屈一指。其书体潇洒奔放，又严于法度。蔡襄，字君谟，蔡襄为人忠厚、正真，讲究信义，学识渊博。宋四家中，蔡襄年龄辈分，应在苏、黄、米之前。从书法风格上看，苏轼丰腴跌宕，黄庭坚纵横拗崛，米芾俊迈豪放，他们书风自成一格，苏、黄、米都以行草、行楷见长，而喜欢写规规矩矩的楷书的，还是蔡襄。蔡襄书法浑厚端庄，淳淡婉美，自成一体。展卷蔡襄书法，顿觉有一缕春风拂面，充满妍丽温雅气息。蔡襄书法在其生前就受时人推崇，极负盛誉。

● 南 戏

北宋末至元末明初，即12—14世纪200年间，在中国南方最早兴起的戏曲剧种，我国戏剧的最早成熟形式之一。南戏有多种异名，南方称之为戏文，又有温州杂剧、永嘉杂剧、鹘伶声嗽、南曲戏文等名称。

宋政权南渡，政治经济中心南移，艺人和作家集中于宋行都临安（今浙江杭州）等城市，遂使产生在温州的南戏，盛行于临安以及浙、闽等地区。一般以《张协状元》为现存最早的南戏剧本。南戏的题材内容，多为反映当时在阶级和民族压迫下，战乱频繁，民不聊生的时代背景，因此现实性较强，并富于斗争性。

● 宋 慈

字惠父，中国古代杰出的法医学家，被称为法医学之父，西方普遍认为正是宋慈于公元1235年开创了法医鉴定学。早岁习儒，入仕后经历十余任地方官，多负刑狱之责，终于广东经略安抚使。一生经办案件数不胜数。逝世前两年（1247）撰成并刊刻《洗冤集录》5卷。此书是其一生经验、思想的结晶，不仅是中国，也是世界第一部法医学专著。

### ● 《洗冤集录》

中国古代法医学著作，同时也是世界现存第一部系统的法医学专著。南宋宋慈综合《内恕录》等数种专书，参以当时执法检验的现场经验，于宋淳祐七年（1247）著成《洗冤录》一书。《洗冤集录》记述了人体解剖、检验尸体、检查现场、鉴定死伤原因、自杀或谋杀的各种现象、各种毒物和急救、解毒的方法等十分广泛的内容。书中对于自杀、他杀或病死的区别十分明确，案例详明。书中所记载的如洗尸、人工呼吸法、夹板固定伤断部位，以及银针验毒、明矾蛋白解砒毒等都是合乎科学道理的。13—19世纪，《洗冤录》不仅在我国沿用600年之久，成为后世各种法医著作的主要参考书，并且广泛外传，被译成英、法、德、俄、荷兰、日、朝、等各种文本。

### ● 五大名窑

宋瓷窑场首推汝窑、官窑、哥窑、钧窑、定窑，后人称之为宋代五大名窑。宋代文化在中国古代社会处于空前绝后的水平。宋瓷是宋代文化的主要构成部分，是两宋文化的一朵绚丽的奇葩。汝窑是北宋后期宋徽宗年间建立的官窑，前后不足20年，为五大名窑之首。汝窑以青瓷为主，最为人们称道的是其釉色。官窑是宋徽宗政和年间在京师汴梁建造的，窑址至今没有发现。官窑以烧制青釉瓷器著称于世。哥窑，确切窑场至今尚没有发现。据历史传说为章生一、章生二兄弟在两浙路处州、龙泉县各建一窑，哥哥建的窑称为"哥窑"，弟弟建的窑称为"弟窑"，也称章窑、龙泉窑。哥窑全为宫廷用瓷的式样，与民窑瓷器大相径庭。

钧窑分为官钧窑、民钧窑。官钧窑是宋徽宗年间继汝窑之后建立的第二座官窑。钧窑瓷主要是供北宋末年"花石纲"之需，以花盆最为出色。定窑为民窑，以烧白瓷为主，造型以盘、碗最多，其次是梅瓶、枕、盒等。

### ● 交　子

世界最早使用的纸币，发行于北宋1023年的成都。北宋初年，四川成都出现了专为携带巨款的商人经营现钱保管业务的交子铺户。存款人把现金交付给铺户，铺户把存款人存放现金的数额临时填写在用楮纸制作的卷面上，再交还存款人，当存款人提取现金时，每贯付给铺户30文钱的利息，即付3%的保管费。这种临时填写存款金额的楮纸券便谓之交子。这时的交子，只是一种存款和取款凭据，而非货币。

随着商品经济的发展，交子的使用也越来越广泛，许多商人联合成立专营发行和兑换交子的交子铺，并在各地设交子分铺。由于交子铺户恪守信用，随到随取，所印交子图案讲究，隐作记号，黑红间错，亲笔押字，他人难以伪造，所以交子赢得了很高的信誉。商人之间的大额交易，为了避免铸币搬运的麻烦，直接用随时可变成现钱的交子来支付货款的事例也日渐增多。正是在反复进行的流通过程中，交子逐渐具备了信用货币的品格。后来交子铺户在经营中发现，只动用部分存款，并不会危及交子信誉。于是，他们便开始印刷有统一面额和格式的交子，作为一种新的流通手段向市场发行。这种交子已经是铸币的符号，真正成了纸币。但此时的交子尚未取得政府认可，仍属民间发行的私交。

# 胡马弯刀下的辽西、夏、金

## （907—1234）

## 辽（907—1125）

### ● 耶律阿保机

辽太祖，辽朝创立者，契丹族。10世纪初，耶律阿保机统一契丹各部，并控制邻近的女真等族。916年，登基称皇帝，立国号契丹（后改为辽），建年号为神册。建国后，耶律阿保机对外继续进攻其周围的民族或政权，渤海国、室韦和奚分别被其消灭，对内着手制定新制度。参照汉族的政治模式，对遥辇氏20部进行改造，建立起新的国家机构；置州县，立城郭，定赋税，模仿汉制度来管理在战争中俘掠的大量汉人；本着"因俗而治，得其宜"的原则，制定民族政策；组织人力创制契丹文字，制订契丹第一部法典《决狱法》，促进了契丹封建化的过程。从此，契丹社会在奴隶制成分仍占重要比重的情况下，封建制成分得以迅速发展。

### ● 景宗中兴

969年，辽穆宗被弑，世宗之子耶律贤继位，是为景宗。当时，辽朝由于统治集团内部纷争不断，已呈现衰败迹象。景宗即位后，建立嫡长继承制度，这是契丹社会封建化的标志。他重用汉族官员，革除弊制，为辽朝的中兴奠定了基础。

一、重用汉族官员。汉族官员被辽大量重用主要始于景宗时期，由于对汉官的重用，极大地促进了政权机构的进步和工作效率，也促进了契丹的封建化。从此，辽进入中兴时期，开始向圣宗的全盛期迈进。

二、整顿吏治。为了彻底改变穆宗时期的混乱局面，景宗对吏治进行了改革。他向汉官室昉询问治国之道，研究古今各朝代的经验教训，然后运用到改革实践中去。在实施过程中，景宗赏罚分明，大胆地用人，即"任人不疑"。这使得百官克尽职守，丝毫不敢懈怠。政治开始显现出一派清明气象，国力也随之而上升，这是和北宋交战获胜的主要原因。

## ● 萧太后

名绰，小字燕燕，是辽景宗耶律贤的皇后，历史上被称为"承天太后"，辽史上著名的女政治家、军事家。辽景宗继位时，面对混乱的局面，的确想励精图治，但自幼身体不好，军国大事除了依靠蕃汉大臣之外，更重要的是依靠皇后萧绰。辽圣宗即位，萧燕燕被尊为皇太后，摄政。统和元年（983），辽圣宗率群臣给萧燕燕上尊号为承天皇太后。萧燕燕遂以承天皇太后的身份总摄军国大政，就此开始了辽代历史上著名的承天后摄政时期。

萧太后虚心诚恳，用人不疑，一直为后世政治家所效法。她有男子一般的气魄，执法严明，毫不软弱，甚至亲御戎车，指麾三军，赏罚分明，将士用命。在宋辽战争中，逼迫宋真宗订立澶渊之盟，开创了宋辽和平发展时期，在中国历史上意义重大。

萧太后在摄政期间，励精图治，选用汉人，开科取士，消除番汉不平等待遇，劝农桑，薄赋徭，内政修明，军备严整，纲纪确立，上下和睦，与宋讲和，坐收岁币之力，经济文化高度发展，使辽朝达到鼎盛时期。

## ● 圣宗改革

圣宗耶律隆绪，辽国第6位皇帝，也是在位时间最长的皇帝，达49年。即位前被封为梁王，景宗去世后被立为太子，并于983年即位，改元统和。圣宗即位时，年仅12岁，母萧太后奉遗诏摄政。萧太后执政期间，以韩德让及耶律斜轸、耶律休哥等为辅佐，和辑契丹贵族，任用汉人士大夫，积极整治弊蠹，改革法度。史称统和之政，"务在息民薄赋，以故法度修明"。

1009年，圣宗亲政后，辽国已进入鼎盛，继续进行改革，并且励精图治，注重农桑，兴修水利，减少赋税，整顿吏治，训练军队，反对严刑峻法，不给贪官可乘之机，使辽国百姓富裕，国势强盛。在圣宗统治时期，辽的国力达到全盛并出现一些引人注目的变化，在刑法和科举等方面出现了重大的变革，同时，奴隶制因素削弱，封建制因素加强，汉化加深，说明封建制的统治在逐渐确立。在位其间，圣宗四方征战，进入辽国疆域的顶峰。

### ● 兴宗西征

兴宗耶律宗真，辽国第7位皇帝，圣宗耶律隆绪长子，1031年继承皇位，改元景福。兴宗在位时，进一步完善了法律制度，在文治方面有所发展，但国势已日益衰落。而有兴宗一朝，奸佞当权，政治腐败，百姓困苦，军队衰弱。面对日益衰落的国势，兴宗连年征战，多次征伐西夏，逼迫宋朝多交纳岁币。他统治时期，辽朝君臣陶醉于表面上的富强、繁荣、和平景象，以强国自居，对潜在的社会危机缺乏必要的警觉，没有采取防范和缓和矛盾的措施。辽朝的统治已开始了由盛转衰的过程，统治集团内部争权斗争再起，社会矛盾也逐渐尖锐。

### ● 契丹文字

契丹民族在建立了契丹王朝后，为适应政治、经济和文化等方面的需要，曾参照汉字先后创造了两种文字，用以记录契丹语。神册五年（920）由耶律鲁不古、耶律突吕不所创制的一种契丹大字，共3000余字。后来又由耶律迭剌创制的已发展到拼音文字初步阶段的一种，称契丹小字。两种契丹文字在辽代与汉字并行。辽灭金兴，契丹字又与女真字和汉字并行于金朝境内。明昌二年（1191），金章宗完颜璟明令废除契丹文字，其在金朝境内逐渐绝用，但在中亚河中地区的西辽则继续行用，至明代已无人认识。

契丹小字的最小读写单位，现代学者们名之为原字，据现有资料统计，共有原字378个。每个单词由1—7个不等的原字排列组合而成。契丹大字的研究工作尚处于草创阶段。研究契丹文字。对於研究中国北方民族史和北方民族语言有重要意义。

# 西夏(1038—1227)

### ● 元昊改制

夏景宗李元昊，西夏开国皇帝，党项族人，北魏鲜卑族拓跋氏之后，李姓为唐所赐，赵姓为宋所赐。景宗少年时勤奋好学，手不释卷，尤好法律和兵书。通汉、蕃语言，精绘画，多才多艺。1032年，以太子身份继位，以严酷手段彻底剪除守旧派。在其后几年内，他建宫殿，立文武班，规定官民服侍，定兵制，立军名，创造自己的民族文字——西夏文，大力发展西夏的文化。建国后，积极推动教育，创蕃学，开启西夏文教之风。开凿"李王渠"，以便西夏国民耕种。三次大败北宋，并于辽夏第一次贺兰山之战，大胜辽国，奠定西夏在辽、宋两国的地位。

## ● 西夏建立

西夏指中国历史上由党项族人于1038年至1227年间在中国西部建立的一个封建政权。宋初赵匡胤削藩镇的兵权，引起党项族拓跋氏的不满。虽然开始服从宋的命令，但两者之间的矛盾不断加剧。1032年，李元昊继夏国公位，开始积极准备脱离宋朝。他首先弃李姓，自称嵬名氏，开始西夏的年号。1038年，李元昊自立为帝，建国号大夏，亦称西夏，定都兴庆府（今银川市）。西夏是党项族建立的封建王朝，其统治范围大致在今宁夏，甘肃，新疆、青海、内蒙古以及陕西的部分地区，其疆域方圆数千里，东尽黄河，西至玉门，南界萧关（今宁夏同心南），北控大漠，幅员辽阔。

## ● 天盛之治

西夏仁宗李仁孝，西夏第4代帝王。在西夏建国的190年中，仁孝统治54年，是西夏在位最长的皇帝。他以外交手段求得了一个和平的环境，在国内大力提倡文治，以先进的汉族文化来促进西夏封建社会的发展，为国内的经济繁荣创造了一个较为安定的环境。

在位期间结好金国，以稳定外部环境；重用文化程度较高的党项和汉族大臣主持国政；设立各级学校，以推广教育；实行科举，以选拔人才；尊崇儒学，大修孔庙及尊奉孔子为文宣帝；建立翰林学士院，编纂历朝实录；重视礼乐，修乐书《新律》；天盛年间，颁行法典《天盛年改新定律令》；尊尚佛教，刻印佛经多种。在他统治期间，西夏经济繁荣，出现了前所未有的盛况。

## ● 好水川之战

西夏天授礼法延祚四年（宋康定二年，1041），西夏军在好水川（今宁夏隆德至西吉两县间）地区，设伏击败宋军的战役。

元昊为发挥骑兵优势，采用设伏围歼的战法，将主力埋伏于好水川口，遣一部兵力至怀远城（今宁夏西吉县偏城）一带诱宋军入伏。宋军相约会兵川口，合击夏军。行军至羊牧隆城东5里处，发现道旁放置数个银泥盒，将盒打开，百余只带哨家鸽飞出，恰为夏军发出合击信号。宋军阵未成列，即遭夏骑冲击。激战多时，宋军混乱，企图据险抵抗。夏军阵中忽树两丈余大旗，挥左左伏起，挥右右伏起，居高临下，左右夹击，夏军大胜。

此战，元昊运筹周密，预先设伏，诱宋军就范，发挥骑兵优势，突然袭击，一举获胜，是一次成功的伏击战。

● 西夏文字

西夏文字创制于元昊建国前的1036年左右，由大臣野利仁荣演绎而成。就目前发现的文献资料证实，大约有5900多个。西夏文字参照汉字创制的六书理论，采用合成法进行造字，即先创造了一些文字元素，即我们常说的字根或母字，然后再用合成法繁衍出更多的西夏字。在构成上可分为单纯字和合体字两大类。其笔画多在十画左右，撇、捺等斜笔较多，结构均匀，格局周正，有比较完整的构成体系和规律，具有鲜明的个性特点。

西夏文字创制后被作为国字推行，因此在西夏国的应用范围十分广泛，如官署文书、法律条令、审案记录、买卖文契、文学著作、历史书籍、字典辞书、碑刻、印章、符牌、钱币、以及译自汉、藏问的佛经等。

西夏文字是西夏文化的精华所在，它的使用在整个西夏时期从未间断过。西夏灭亡后，仍由后人在一定范围内延续使用至明朝中期，成为探寻西夏后裔踪迹的有力佐证。

# 金（1115—1234）

● 完颜阿骨打

金太祖完颜阿骨打，金王朝的创立者，女真族完颜部首领。辽天庆三年（1113），阿骨打参与对女真各部的统一战争，屡有战绩，继位联盟长。天庆四年，率2500人起兵叛辽，破宁江州（今吉林扶余东南）。天庆五年（1115年），阿骨打在会宁府（（今黑龙江阿城南白城）称帝，建立大金，年号收国，改名完颜旻，是年攻占黄龙府城（今吉林农安）。天辅四年（1120），与宋朝订攻辽计划，攻陷辽上京临潢府（今内蒙古巴林左旗南）。灭辽后，燕京地归宋。天辅六年（1122年），取辽中京（今内蒙古宁城西），是年年底，攻陷燕京（今北京）。

阿骨打把猛安谋克制度改为军事行政组织，设立勃极烈（相）辅政，颁行女真文字。阿骨打崇尚汉文化，这对以后金国的汉化影响很大。

## ● 女真族

源自3000多年前的肃慎，汉朝、晋朝称挹娄，南北朝称勿吉（读音莫吉），隋唐称黑水靺鞨，辽金称女真。明朝初期分为建州女真、海西女真、野人女真三大部，后又按地域分为建州、长白、东海、扈伦四大部，依接近汉化程度及活动区域南北分为：多汉化程度、南境者为熟女真，少汉化程度、北境者为生女真。金国为生女真创建，后大量进入中原，主体部分同化于汉族，清朝为熟女真创建。

## ● 女真文字

是中国中古时期活动于今华北和东北地区女真人记录自己语言的工具，由女真族所建金政权在12世纪前期入主中原地区前后创制颁行的官方文字。1234年金国被蒙古灭亡之后，此文字仍然继续使用于今中国东北女真各部，一直要到15世纪中叶女真崛起，努尔哈赤创造无圈点满文才逐渐停止使用。

金立国后的内外公文交往几乎全用契丹文，阿骨打即令臣僚完颜希尹和叶鲁仿依契丹大字和汉字为基础试制女真文字，并于天辅三年（1119）诏令颁行，此女真大字，金天眷元年（1138），熙宗完颜亶参照契丹字创制颁布另一种女真文字，为女真小字。金皇统五年（1145），女真大小字同契丹文、汉文一道并行国内。金国创制女真字的主要目的是宣扬民族形象，故而在女真文字制成后主要用于官方文件的书写，其文献形式有图书、碑铭、铜镜、印鉴、题记等。

## ● 金熙宗改革

金熙宗完颜亶，金朝第3代皇帝。少时聪颖慧达，贯综经史，喜文辞，尽交文墨之士，及长，怀有大志，深受太宗所钟爱。天会十三年

（1135），完颜亶即帝位，是为金熙宗，次年改元天眷。

金熙宗即位后，尤勤于汉文典籍的学习，对女真旧制进行了一系列的改革。废除勃极烈制度，改行辽、宋的汉官制度，设三师（太师、太傅、太保）、三省（尚书、中书、门下）。天眷元年（1138），正式颁行官制及换官格，即将原女真、辽和宋的官职，依照新制统一换授；确定封国制度，规定百官的仪制与服色，号为天眷新制；同年正式颁布女真小字，较女真大字笔画简省，并于皇统五年（1145）正式行用。

为了加强对中原地区的统治，熙宗在废除伪齐国、统一法制后，置屯田军，将契丹、女真人自东北徙入中原地区，与汉人杂居。按户授予官田，使业耕种，春秋量给衣物、马匹，以资接济。若遇出军，始发给钱米。所有这些措施，对于加速金朝的封建化和接受汉文化方面起到了积极的推动作用。

## ● 金世宗治世

金世宗完颜雍，善于骑射，才识过人，初被封为葛王。即位之前，曾在会宁、中京、燕京、济南、西京、辽阳等地任地方官，对民间疾苦有所了解。1161年，因害怕被金海陵帝完颜亮杀害，完颜雍起兵反抗，在辽阳即位，改元大定，是为金世宗。

金世宗总结教训，重新整顿金朝统治秩序，采取不计前嫌、唯贤才是用的政策，形成了一个精干的有能力的统治核心。金世宗依靠这个核心中的女真贵族和汉族知识分子，实行了政治、经济、文化方面的改革。

政治上，金世宗尤其重视对官吏进行考察，其评定官吏的标准是看政绩的好坏，赏罚分明，并用三条途径来考察官吏：第一是亲自巡行，第二是派使臣专程视察，第三是鼓励各地官吏和群众上书言事。

经济上，金世宗为了与民休养生息、安定社会秩序，主动与宋朝议和，金宋双方从此休战约30年；颁发免奴为良的诏令，提高了生产的积极性；采取重视农桑、奖励垦荒，进一步开弛禁地，实行增产者奖，减产者罚等一系列措施，发展了农业和畜牧业；对于遇有水旱灾害的地区，实行减免租税的办法，减轻人民负担，稳定了生产情绪；注意兴修水利，鼓励民间发展手工业生产。

文化上，金世宗注意培养女真族的知识分子，创立女真进士科，设立女真国子学、女真府学、女真太学，为女真族培养知识分子开辟了一条新的途径，是女真民族传统的坚定捍卫者，为保存女真文化可谓苦心竭虑、不遗余力。

从金世宗大定年间开始，金朝的国立得到全面的恢复和发展，统治达到全盛时期。历史上，将这个时期称作"大定仁政""号为小康"，并将金世宗誉为"小尧舜"。

# 威名远播的元王朝

## （1206—1368）

### ● 天骄成吉思汗

元太祖成吉思汗，名铁木真，蒙古族，中国历史上杰出的政治家、军事家。1206年，被推举为蒙古帝国的大汗，统一蒙古高原各部落。在位期间，多次发动征服战争，征服地域西达黑海海滨，东括几乎整个东亚，建立了世界历史上著名的横跨欧亚两洲的大帝国之一。

金大定末年，成吉思汗独立建帐，广结盟友，选贤任能，宽厚待人，吸引许多蒙古部众，被推为可汗。成吉思汗元年（1206），蒙古高原百余个大小部落先后败亡，五大部均统一在铁木真的旗帜下。铁木真遂在斡难河（今鄂嫩河）之源举行大聚会，建立也客·蒙古·兀鲁思（大蒙古国），被尊为成吉思汗，此号有海洋或强大的皇帝之义。

成吉思汗统一蒙古草原后，第一件事就是把在战争中已经实行的千户制进一步完善和制度化，创立了军政合一的千户制，建立了一个层层隶属、指挥灵活、便于统治、能征善战的军政组织。千户制的建立，标志着部落和氏族制的最后瓦解。这是一种军事、政治、经济三位一体的制度，是蒙古汗国统治体制中最重要的一环。

成吉思汗立国后，势力益盛，开始对外发动大规模征服战争。经过二十余年与西夏的战争，屡创西夏军主力，迫西夏国王乞降，削除金朝西北屏障，得以顺利南下攻金。六年（1212），亲率大军进攻金朝，开始为时24年的蒙金战争。成吉思汗正欲集中全力攻金，于1227年在六盘山下清水县（今属甘肃）病逝。他虽然未能在有生之年征服中原，却为自己的子孙留下了灭夏、灭金的方略。

### ● 元太宗窝阔台

成吉思汗的第三子，在1229年的库里尔台大会中被推举为继任人，管理整个蒙古帝国。在位期间，通过南下中原和西征继续扩张领土，完全征服中亚和华北。

1234年，窝阔台联合南宋攻蔡州，金亡。与此同时，由于与南宋接壤，冲突日渐加剧，拉开了双方45年不断争战的序幕。在南方战线僵持不下之时，西线方面，蒙古大军完全控制了波斯，并继续西进，占领了除诺夫哥罗德以外罗斯诸国的全部地区，以及波兰和匈牙利的全境。1241年，窝阔台因酗酒突然暴毙，使他的西征进程被逼中止。自此以后，蒙古大军再也没有踏足这片土地。

窝阔台在位期间，在逐步接受周围政权先进管理的基础上开始进行改革，制定乌拉制（驿站服役），加强了蒙古本土与占领地区之间的联系。立燕京编修所和平阳经籍所。封孔子51世孙孔元措为衍圣公，修孔庙，试诸路儒士，免除他们的赋税。1235年，筑蒙古首都哈剌和林城，建万安宫。制定中原和西域的赋税制度，令耶律楚材主持中原赋调，麻合没的滑剌西迷主持西域赋调。1229年设立课税所，1231年设立中书省，任命耶律楚材为中书令，粘合重山为左丞相，镇海为右丞相。这时中书省的权力虽然不能与隋、唐、宋的中书省相提并论，与日后忽必烈建立元朝后的中书省也有所不同，但它毕竟标志着蒙古政权的最高行政机构已经从内廷初步分离出来，标志着军政合一制开始发生分化。正是在这一基础上，才出现了蒙古政权和元朝的一系列汉化即封建化改革。

## ● 元世祖忽必烈

孛儿只斤·忽必烈，成吉思汗之孙，元朝的创始皇帝，宪宗元年（1251），忽必烈受命总领漠南汉地军国庶事。早在藩王时期就思"大有为于天下"，并热衷学习汉文化。先后任用汉人儒士整饬邢州吏治；立经略司于汴梁，整顿河南军政；屯田唐、邓等州。蒙哥汗三年（1253）率蒙古军攻云南，四年灭大理国。十年，在开平（今内蒙古正蓝旗东）称汗。元元年（1264）后迁都燕京（今北京），改称大都。1271年，忽必烈建国号为大元，正式即位为皇帝，并开始南下攻宋的计划。他的军队用了6年时间攻陷重镇襄阳，但此后进展相当顺利。1279年，在厓山海战中，南宋宰相陆秀夫背着8岁的小皇帝赵昺跳海而死，南宋亡，忽必烈统一全国。

忽必烈在位期间，注意选用人才，采用汉法，建立各项政治制度。

确立中央集权政治，地方建立行省，开创我国省制之端。采取一些有利于农业和手工业生产的措施，劝课农桑，兴修水利，发展生产。

全国统一后，忽必烈恢复正常的统治秩序，让社会经济逐步恢复和发展，加强对边疆地区管理，开辟中外交通，巩固和发展多民族国家，初步奠定了国家疆域的规模，发展了国内各民族的经济文化交流。但是，忽必烈保守、嗜利和黩武等消极因素也有所发展，把境内民众分成四等，民族压迫较重，亦派遣军队进攻其他国家和地区。

## ● 蒙古西征

历史上蒙古大军在13世纪发动了数次大规模的西征，凭借较少的军队和漫长的后勤供应战胜了所有的对手，改变了整个亚欧的历史，也促进了欧洲和近东的军事革命。

在几次西征中蒙古军队的数量通常很少，总数最多20万人左右（欧洲战场从未超过15万），单次战役的人数则更少，没有出现在中原列阵层层叠叠20里的情形。究其原因：

西方各国军队采用的战术不适应蒙古人改进的东方战术。在战术的运用上，蒙古军队特别强调机动性，以远距离包抄迂回、分进合击为主要战术特征。加之蒙古军队大量使用汉族先进的火药和抛石等攻坚器材担任攻城任务，使他们无论是野战还是摧城拔寨，几乎所向必克。

蒙古军队特殊的装备。蒙古马虽然身材矮小、跑速慢，越障碍能力也远不及欧洲的高头大马，但它是世界上适应能力最强、忍耐力最强的马，对环境和食物的要求也最低，无论是在亚洲的高寒荒漠，还是在欧洲平原，蒙古马都可以随时找到食物。蒙古马的特殊优势使得蒙古军队具有当时任何军队都难以比拟的速度和机动能力。

由于蒙古士兵在严寒和艰苦的环境中长大，具有坚韧耐劳的性格，对物质条件的不讲究，使蒙古军队的后勤负担很轻。蒙古士兵在文化和物质上处于落后地位，大规模地攻占掠夺始终是激励其保持旺盛战斗力的原因和动力。

蒙古人建立了与战争相适应的社会组织。各部落的首领即是生活生产的管理组织者又是军事行动的指挥组织者。在对外发动战争时，可以全民动员，全民不分男女老幼都可以参加作战行动。

## ● 元朝建立

元朝又称大元，中国历史上第一个由少数民族（蒙古族）建立并统治中国全境的大一统封建王朝。1206年，蒙古贵族在斡难河源奉铁木真为大汗，尊号成吉思汗，蒙古汗国（大蒙古国）建立。1218年蒙古灭西辽，1227年灭西夏，1234年灭金国，1246年招降吐蕃，1253年灭大理。1271年，元世祖忽必烈改国号为大元，取《易经》中"大哉乾元"之意。1272年，定都燕京，称为大都（今北京），元朝的统治中心完全向中原转移。1276年灭南宋，1279年消灭南宋残余势力，元朝最终统一中国。

元朝的疆域空前广阔。西北至新疆东部，北起西伯利亚（一说到北冰洋），东临大海（包括台湾），南抵南海诸岛，西南包括西藏、云南、缅甸东部。元朝领土面积超过1200万平方公里（一说2200万平方公里）。

元朝的大统一，在中国历史上具有深远的意义，促进了我国统一的多民族国家的发展；是中国历史上疆域最广阔的王朝，国力最强盛的王朝之一；中西经济文化交流的空前繁荣，使不同地区、国家和地区间的经济文化双向交流加速；中国的火药、指南针、印刷术传入阿拉伯和欧洲，推进了这些地区的文明进程；阿拉伯的医学、天文学、农业技术，欧洲的数学、金属工艺，南亚的雕塑艺术等传入中国，促进了中国古代文化的丰富和发展。

## ● 四等人制

中国元代法定的民族等级制度。元代，蒙古贵族以少数民族统治阶级为全国的统治者，为保持自己的特权地位和维护对人口远远超过本族的汉族及其他少数民族的统治，进一步推行民族压迫和民族分化政策，依据被征服民族的先后，分为蒙古、色目、汉人、南人四等。四等人制的实行，使元朝的社会矛盾更加复杂、尖锐，从而加速了元朝的灭亡。

## ● 驱　口

战争中被俘强逼为奴、供人驱使的人。原意为被俘获驱使之人。驱口一词始见于中国金代。蒙古灭金过程中，掠民为奴。贵族、将校所得驱口，约金残存人口的一半。在蒙古灭南宋的战争中，掠民为驱口仍相当普遍。后来，驱口成了奴婢的通称。元代，宫廷和官府都占有大批驱口，称为官户、监户等。贵族、官僚占有驱口的数字是很惊人的。驱口主要被用于家内服役，用于农牧业、手工业生产的情况也屡见不鲜。法律规定，驱口属于贱人，是主人财产的一部分，使长（驱口所有人）对驱口有人身占有权力，可以任意转卖，滥施刑罚，甚至杀死。在大都和上都等城市中设有人市，买卖驱口。驱口只有通过赎身才能成为良人。赎身费通常要相当于或大于该驱口终身劳动所创造的价值。驱口所受压迫较之一般劳动者更加惨重，因而引起各种形式的反抗。在元末农民战争中，许多驱口也纷纷参加起义。

## ● 行中书省

元朝地方最高行政机构，并为一级政区名称，简称行省或省。元置中书省总理全国政务，也称都省。因幅员辽阔，除腹里地区直隶于中书省、吐蕃地区由宣政院管辖外，又于诸路重要都会设立十个行中书省，以分管各地区。在世祖、武宗朝三次短期设立尚书省主管政务期间，行中书省也相应改称行尚书省。元人称其制为"都省握天下之机，十省分天下之治"。

## ● 怯薛制度

怯薛，蒙古和元朝的禁卫军。怯薛起源于草原部落贵族亲兵，带有浓厚的父权制色彩，后发展为封建制的宫廷军事官僚集团，元代官僚阶层的核心部分。担任宿卫的怯薛人员称怯薛歹。入元后，怯薛歹成为近侍大官。出任随朝官员后，仍直入宫廷服役。大都和皇城的一般军事防务改由五卫亲军担负，但万名以上的怯薛依旧保留，备受优待。怯薛成为元朝高级军政官员的最主要来源，官员以怯薛出身最为显贵。怯薛歹作官，径由怯薛长官推举，皇帝直接任命，不经中书省议奏，称为"别里哥选"。最显贵的怯薛官可以一开始就授予一品大员。怯薛歹是皇帝近侍，最受宠信，常常为自己、为他人向皇帝求官，请求各种赏赐，而且插手朝政。外臣、大商贾、僧道等在朝廷营私舞弊，多是勾结怯薛歹进行的。怯薛歹的这些行为给朝政造成混乱，成为元朝统治日趋腐朽的一个原因。

## ● 仁宗之治

元仁宗爱育黎拔力八达，元朝第9代皇帝，是一位较有作为之君。1311年即位后，大张旗鼓地进行改革，取消尚书省，停用至大银钞，减裁冗员，整顿朝政。1314年，开科举取士。曾在江浙、江西、河南等地进行田产登记，史称延祐经理。仁宗自幼熟读儒籍，倾心释典。曾下令将《贞观政要》和《资治通鉴》等书摘译为蒙古文，令蒙古、色目人诵习。仿唐宋旧制，于1315年诏行科举，尊崇朱熹之学，史称延祐复科。元灭金、宋后，科举废弃。延祐复科距宋亡36年，距金亡81年，汉族士人至此方重获正常的晋身途径，民族矛盾有所缓和。

## ● 宣政院

元朝掌管全国佛教事宜和吐蕃地区军政事务的中央机关，由帝师兼领。忽必烈始置总制院，因唐制吐蕃来朝见于宣政殿之故，后更名宣政院。

忽必烈立国建都后，仍十分注意保持和发展蒙古民族的语言和文化。中统元年（1260），忽必烈封吐蕃萨迦的八思巴为国师，命八思巴率领一些吐蕃语言文学者重新创制蒙古文字。至元六年（1269），新字制成，由忽必烈正式颁行，并加八思巴为帝师、大宝法王，统领全国佛教。元朝立总制院，管领佛教僧徒及吐蕃地区事务，仍以帝师八思巴统领。院使由朝廷命官任领。吐蕃有事，另设分院往治。宣政院的官员，僧俗并用，是元朝设立的一个特殊机构。宣政院既是管理全国佛教的事务机关，又是直接统领吐蕃的政务和军事。

## ● 南坡之变

元朝建立以后，宗室内乱、后妃干政、权臣用事等接连不断。元英宗即位后，决意改革朝政。起用汉族地主官员和儒士，推举贤能，选拔人才；罢徽政院及冗官冗职，精简机构，节制财用，行助役法并减轻徭役；加强法制，推行汉法；清除权相铁木迭儿余党，查处其贪赃枉法事件。这些措施遭到部分保守的蒙古贵族反对。1323年，残留的铁木迭儿余党、御史大夫铁失阴谋发动政变，密令心腹谴往漠北。当元英宗、拜住由上都启程返京，途中宿营于上都西南20里南坡店时，被铁失等刺杀，史称南坡之变。

## ● 红巾军起义

元朝后期，以蒙古族贵族为主的统治阶级，对各族特别是汉族人民的掠夺和奴役十分残酷。他们疯狂兼并土地，横征暴敛，苛捐杂税名目繁多，全国税额比元初增加20倍。加上黄河连年失修，多次决口，出现了"饿死已满路，生者与鬼邻"的悲惨局面。反抗的烈火在人民心中燃起。在这种情况下，刘福通与白莲教另一首领韩山童在北方地区秘密传教，宣传"明王出世""弥勒佛下生"，以吸引群众。在韩山童、刘福通领导下，3000人在颍州颍上县白鹿庄准备起义，因事前泄密，遭到元军包围，韩山童牺牲。刘福通突围后把起义群众组织起来。起义者以红巾裹头，一鼓作气占领安徽、河南等地。为推翻元朝的反动统治，起义军提出以明斗暗（明指起义军，暗指元朝统治）的口号，鼓舞群众向封建官府作斗争。1355年，刘福通率军攻下亳州（今安徽亳州），建立农民革命政权。南方红巾军则在湖南、湖北获得胜利。1357前后，元军开始对北方红巾军展开反攻，红巾军内部也发生争执分裂，势力渐弱。南方红巾军在相互征战中逐渐失去原本的性质。

## ● 郭守敬

字若思，中国元朝的天文学家、数学家、水利专家和仪器制造专家。郭守敬和王恂、许衡等人，共同编制出我国古代最先进、施行最久的历法《授时历》。为了编历，他创制和改进了简仪、高表、候极仪、浑天象、仰仪、立运仪、景符、窥几等十几件天文仪器仪表；在全国各地设立27个观测站，进行大规模的四海测量，测出的北极出地高度平均误差只有0.35；新测二十八宿距度，平均误差还不到5分；测定黄赤交角新值，误差仅1分多；取回归年长度为365.2425日，与现今通行的公历值完全一致。晚年，郭守敬致力于河工水利，提出并完成了自大都至通州的运河（即白浮渠和通惠河）工程。为纪念郭守敬的功绩，人们将月球背面的一环形山命名为郭守敬环形山，将小行星2012命名为郭守敬小行星。

## ● 赵孟頫

字子昂，元代著名画家，楷书四大家之一，宋太祖赵匡胤十一世孙。赵孟頫一生历宋元之变，仕隐两兼，经历了矛盾复杂而荣华尴尬的一生。他作为南宋遗逸而出仕元朝，对此史书留有诸多争议。但是，将非艺术因素作为品评画家艺术水平高低的做法，是不公正的。赵孟頫博学多才，能诗善文，懂经济，工书法，精绘艺，擅金石，通律吕，解鉴赏。特别是书法和绘画成就最高，开创元代新画风，被称为元人冠冕。绘画上，山水、人物、花鸟、竹石、鞍马无所不能；工笔、写意、青绿、水墨，亦无所不精。书法上，其书风遒媚、秀逸，结体严整、笔法圆熟、世称"赵体"。与颜真卿、柳公权、欧阳询并称为楷书四大家，在我国书法史上已占有重要地位。

### ● 黄公望

字子久，中国元代画家，书法家，元四家之一。工书法，善诗词、散曲，颇有成就，50岁后始画山水，师法赵孟頫。黄公望虽受赵的影响，但专意于山水画，水墨纷披，苍率潇洒，境界高旷，皆超出赵孟頫之上。晚年大变其法，自成一家。其画注重师法造化，常携带纸笔描绘虞山、三泖、九峰、富春江等地的自然胜景。以书法中的草籀笔法入画，有水墨、浅绛两种面貌，笔墨简远逸迈，风格苍劲高旷，气势雄秀。黄公望的绘画在元末明清及近代影响极大，画史将他与吴镇、倪瓒、王蒙合称元四家。

南宋山水画之变，始于赵孟頫，成于黄公望，遂为百代之师。继赵孟頫之后，他彻底改变了南宋后期院画陈陈相因的积习，开创了一代风貌。

### ● 黄道婆

又名黄婆、黄母，元代棉纺织家。出身贫苦，少年受封建家庭压迫流落崖州（今海南岛），以道观为家，劳动、生活在黎族姐妹中，并学会运用制棉工具和织崖州被的方法。后重返故乡，在松江府以东的乌泥泾镇，教人制棉，传授和推广捍（搅车，即轧棉机）、弹（弹棉弓）、纺（纺车）、织（织机）之具和错纱配色、综线挈花等织造技术。她所织的被褥巾带，其上折枝团凤棋局字样，粲然若写。由于乌泥泾和松江一带人民迅速掌握了先进的织造技术，一时乌泥泾被不胫而走，广传于大江南北。当时的太仓、上海等县都加以仿效。棉纺织品五光十色，呈现了空前盛况。

封建正史对科学技术有着一种无知的轻蔑，再加上对下层劳动人民的顽固偏见，所以对黄道婆这样一位伟大的纺织革新家及其杰出贡献，正史没有只言片语的记载，这是中国历史学普遍性的遗憾。但人民是公正的，黄道婆对棉纺织技术的巨大贡献，赢得了当地劳动人民深情的热爱和永久的纪念。"黄婆婆，黄婆婆，教我纱，教我布，二只筒子，两匹布"，这是上海一带劳动人民世代相传的一首歌谣，表达了人们对黄道婆为中国棉纺织技术做出卓越贡献的感激。

## ● 马可·波罗

世界著名的旅行家、探险家、意大利威尼斯商人。马可·波罗17岁时跟随父亲和叔叔，途经中东，历时4年多来到中国，在中国游历了17年。回到威尼斯之后，马可·波罗在一次威尼斯和热那亚之间的海战中被俘，在监狱里口述旅行经历，由鲁斯蒂谦（RustichellodaPisa）写出《马可·波罗游记》，记述了他在东方最富有的国家——中国的见闻，激起了欧洲人对东方的热烈向往，对以后新航路的开辟产生了巨大的影响。同时，西方地理学家还根据书中的描述，绘制了早期的世界地图，给中世纪的欧洲带来了新世纪的曙光。

## ● 《马可·波罗行纪》

又名《马可·波罗游记》和《东方闻见录》，是欧洲人撰写的第一部详尽描绘中国历史、文化和艺术的游记。全书以纪实的手法，记述了他在中国各地包括西域、南海等地的见闻，记载了元初的政事、战争、宫廷秘闻、节日、游猎等，尤其详细记述了元大都的经济文化民情风俗，以及西安、开封、南京、镇江、扬州、苏州、杭州、福州、泉州等各大城市和商埠的繁荣景况。第一次较全面地向欧洲人介绍了发达的中国物质文明和精神文明，将地大物博、文教昌明的中国形象展示在世人面前。

马可·波罗的中国之行及其游记，在中世纪时期的欧洲被认为是神话，被当做天方夜谭。但《马可·波罗游记》却大大丰富了欧洲人的地理知识，打破了宗教的谬论和传统的天圆地方说，打破了中世纪西方神权统治的禁锢；同时，《马可·波罗游记》对15世纪欧洲的航海事业起到了巨大的推动作用，大大促进了中西交通和文化交流。可以说，马可·波罗和他的《马可·波罗游记》直接或间接地开辟了中西方直接联系和接触的新时代。

## ● 《窦娥冤》

中国十大悲剧之一的传统剧目，是一出具有较高文化价值、以广泛群众为基础的名剧。故事渊源于《列女传》中的《东海孝妇》，但关汉卿并没有受其局限，而是紧紧扣住当时的社会现实，用这段故事真实而深刻地反映了元朝统治下中国社会极端黑暗、极端残酷、极端混乱的悲剧时代，表现了劳苦大众坚强不屈的斗争精神和争取独立生存的强烈要求。关汉卿成功塑造了窦娥这个悲剧主人公形象，使其成为元代被压迫、被剥削、被残害的妇女的代表，成为元代社会底层善良、坚强而走向反抗的妇女的典型。

## ● 《西厢记》

全名《崔莺莺待月西厢记》，最早起源于唐代元稹的传奇小说《莺莺传》，王实甫编写的多本杂剧《西厢记》就是在丰富的艺术积累上进行加工创作而成的。《西厢记》最突出的成就是从根本上改变了《莺莺传》的主题思想和莺莺的悲剧结局，把男女主人公塑造成在爱情上坚贞不渝、敢于冲破封建礼教的束缚、经过不懈的努力终于得到美满结局的才子佳人。这一改动，使剧本反封建倾向更鲜明，突出了愿普天下有情人终成眷属的主题思想。《西厢记》是中国古典戏剧的现实主义杰作，对后来以爱情为题材的小说、戏剧创作影响很大，《牡丹亭》《红楼梦》都从中不同程度地借鉴了反封建的民主精神。

## ● 元代三大农书

元朝统治时间虽不算很长，却在中国农学史上留下了三部比较出色的农学著作。一是元建国初年司农司编纂的《农桑辑要》，二是王祯的《王祯农书》，三是鲁明善的《农桑衣食撮要》。三书中尤以《王祯农书》影响最大。

《王祯农书》在中国古代农学遗产中占有重要地位。它兼论北方农业技术和南方农业技术。王祯自己是山东人，在安徽、江西两省做过地方官，又到过江、浙一带，所到之处，常常深入农村实地观察。因此，《农书》无论是记述耕作技术，还是农具的使用，或是栽桑养蚕，总是时时顾及南北的差别，致意于其间的相互交流。《农桑辑要》，是中国现存最早的官修综合性农书。全书共7卷，6万余字。内容以北方农业为对象，农耕与蚕桑并重。在继承前代农书的基础上，对北方地区精耕细作和栽桑养蚕技术有所提高和发展，对于经济作物，如棉花和苎麻的栽培技术尤为重视，在当时是一本实用性较强的农书。

《农桑衣食撮要》，由元代杰出的畏兀儿农学家鲁明善编撰。该书继承和发展我国周秦以来的农本思想，认为以农桑为本才能使百姓丰衣足食，安居乐业，知礼明义。全共2卷，约15000余字，按月令体裁撰写，列有农事208条。按月列举应做之农事，包括农作物、栽培，家畜、家禽饲养，农产品的加工、贮藏等。全书文字通俗，简明扼要，对元代农业生产的恢复和发展，曾起一定作用。

### ● 元曲四大家

关汉卿、郑光祖、马致远、白朴。

关汉卿，中国文学史和戏剧史上一位伟大的作家，他一生创作了许多杂剧和散曲，成就卓越。他的剧作为元杂剧的繁荣与发展打下了坚实的基础，是元代杂剧的奠基人。关汉卿一生创作了60多部杂剧，从民间传说、历史资料、元代现实生活里吸收许多素材，真实地表现了元代人民反对封建阶级压迫与民族压迫的斗争。关汉卿从不写作神仙道化与隐居乐道的题材，其严肃的创作态度与批判现实的战斗精神对后世影响巨大。

马致远，元代著名杂剧家，写得最多的是神仙道化剧，剧中主张回避现实矛盾，这是一种懦弱的悲观厌世的态度。但另一方面，剧中也对社会现状提出了批判，对以功名事业为核心的传统价值观提出了否定，这也包涵着重视个体存在价值的意义，虽然作者未能找到实现个体价值的合理途径。在众多的元杂剧作家中，马致远的创作最集中地表现了元代文人的内心矛盾和思想苦闷，并由此反映了一个时代的文化特征。

郑光祖，元代著名的杂剧家和散曲家，其剧目主要有两个主题，一是青年男女爱情故事，一是历史题材故事。这说明，他的剧目主题离现实较远。他写剧本，大多是艺术的需要，而不是政治的需要。郑光祖一生从事于杂剧的创作，将其全部才华贡献于这一民间艺术，在当时的艺术界享有很高的声誉，伶人都尊称他为郑老先生。他的作品通过众多伶人的传播，在民间产生了广泛的影响。

白朴，元代著名的文学家、杂剧家。出身官僚士大夫家庭，然其幼年偏偏遭逢乱世。白朴寄情于山水之间，却不可能真正遁迹世外。加之他足迹所至，恰恰是曾经繁华一时，而今变为被兵火洗劫的荒凉境地，前后景象的对比，更激起对元朝统治者的怨恨。尽管白朴为江山异代、田园荒芜而感伤、悲戚，但更多的是为自己一生九患的身世伤怀。可以说，处处倾诉着他对苍凉人生的感慨。他除了用词曲表达他的意志情怀外，还写下不少杂剧，为元代杂剧的繁荣贡献了自己的才华。

## ● 元 曲

在思想内容和艺术成就上均体现出独有的特色，和唐诗宋词鼎足并举，成为中国文学史上三座重要的里程碑。

一般来说，杂剧和散曲合称为元曲，是元代文学主体。不过，杂剧的成就和影响远远超过散曲，因此以元曲单指杂剧，元曲亦为元代戏曲。

元曲原本来自所谓的蕃曲、胡乐，在民间流传，被称为街市小令或村坊小调。随着元灭宋入主中原，它先后在大都（今北京）和临安（今杭州）为中心的南北广袤地区流传开来。元曲有严密的格律定式，但并不死板，允许在定格中加衬字，部分曲牌还可增句，押韵上允许平仄通押，与律诗绝句和宋词相比，有较大的灵活性。

继唐诗、宋词之后，蔚为文学之盛的元曲有着它独特的魅力：一方面，元曲继承了诗词的清丽婉转；一方面，政治专权、社会黑暗，使元曲透出反抗的情绪，锋芒直指社会弊端。元曲的兴起对于中国民族诗歌的发展、文化的繁荣有着深远的影响和卓越的贡献。

## ● 杂 剧

又称北杂剧，在金院本和诸宫调的直接影响之下，融合各种表演艺术形式而成的一种完整的戏剧形式。13世纪后半期是其最繁盛的时期。四折一楔子的结构形式和一人主唱是其显著特色。作为一种严谨、完整统一、个性鲜明的戏曲艺术，元杂剧在内容上不仅丰富了久已在民间传唱的故事，而且广泛反映了当时的社会现实，成为广大人民群众最喜爱的文艺形式之一。

## ● 散 曲

元代称乐府或今乐府，与词产生的情形十分相似，亦来源于民间俗谣俚曲。

散曲之所以称为散是与杂剧的整套剧曲相对而言的。如果作家纯以曲体抒情，与科白情节无关的话，就是散，是一种可以独立存在的文体。

　　散曲题材多样，作家通过自然景物的描写来寄托幽远情趣，与自然融为一体。在咏物题材中，运用诸多意象点缀仙境，抒发慕道情怀；在咏史题材中，通过纵向的追溯，歌咏隐修道人宁静的生活，反映烟波钓叟的审美情感。

# 神器更迭的明王朝

## （1368—1644）

### ● 明太祖朱元璋

明朝开国皇帝、民族英雄，也是继汉高帝刘邦以来第2位平民出身并统一全国的君主。朱元璋自幼贫寒，只得离乡为游方僧，25岁时参加郭子兴领导的红巾军，反抗元朝暴政。洪武元年（1368），在基本击破各路农民起义军和扫平元军残余势力后，于南京称帝，国号大明，年号洪武。

朱元璋在位期间，为了缓和尖锐、复杂的阶级矛盾、民族矛盾和统治阶级内部各集团之间的矛盾，实行了抗击外侵、革新政治、发展生产、安定民生等一系列有利于社会前进的政策，在政治、经济、军事、思想等方面大力加强君主专制的中央集权统治。与此相适应，在法律上鉴于元末法纪纵弛导致的各种弊端，崇尚"朕收平中国，非猛不可"的思想。

### ● 明成祖朱棣

明朝第3位皇帝。朱元璋第4子。初封燕王，镇守北平。建文元年（1399）起兵自称靖难。四年，破京师（今江苏南京），夺帝位，次年改元永乐。朱棣即位后，极力肃整内政，进一步强化君主专制，设置镇守内臣和东厂衙门，恢复锦衣卫；巩固边防，先后5次北征蒙古，追击蒙古残部，缓解其对明朝的威胁；疏通大运河；迁都并营建北京，作为历史上第一个定都北京的汉族皇帝，奠定了北京此后500余年的首都地位；组织学者编撰多达3.7亿字的百科全书《永乐大典》；设立奴儿干都司，以招抚为主要手段管辖东北少数民族。更令他闻名世界的是郑和下西洋，沟通了中国同东南亚和印度洋沿岸国家。

### ● 三　司

明代各省设都指挥司、承宣布政使司、提刑按察使司，分别掌管军事、民政、司法，合称三司。都指挥使司，简称都司，是明朝设立于地方的军事指挥机关，掌一方军政，统率其所辖卫所，属五军都督府而听从兵部调令；承宣布政使司，简称布政司，掌管一省的民政、田赋、户籍；提刑按察使司，简称按察司，主管一省的刑名、诉讼事务，同时也是中央监察机关—都察院在地方的分支机构，对地方官员行使监察权。

## ● 六　部

明朝中央行政机构中直接对皇帝负责的吏部、户部、礼部、兵部、刑部、工部。吏部为管理文职官员的机关，掌品秩铨选之制，考课黜陟之方，封授策赏之典，定籍终制之法；户部掌全国疆土、田地、户籍、赋税、俸饷及一切财政事宜；礼部掌典礼事务与学校、科举之事；兵部明职掌全国军卫、武官选授、简练之政令；刑部为主管全国刑罚政令及审核刑名的机构，审定各种法律，复核各地送部的刑名案件，会同九卿审理监候的死刑、案件以及直接审理京畿地区的待罪以上案件；工部为管理全国工程事务的机关。

## ● 内　阁

明朝最高官署名。洪武十三年（1380），朱元璋为了加强中央集权，废丞相，罢中书省，设四辅官，不久又罢。十五年（1382）仿宋代制度，置华盖殿、谨身殿、武英殿、文渊阁、东阁等大学士，为皇帝顾问。明成祖即位后，特派解缙、胡广、杨荣等入午门值文渊阁，参预机务，称为内阁。内阁最初只是秘书性质的国事咨询机构，但到宣德时期权力开始上升，至成化、弘治之际，内阁在已经成为足以对抗皇权的文官政府代表。明成祖成立内阁后，将宰相拥有的决策权牢牢把持在手中，议政权分给内阁，行政权分给六部。地方上分三司，直接对六部负责，而中央的内阁与六部各司其职，对皇帝负责。

## ● 巡　抚

官名，明朝地方军政大员之一，是巡视各地的军政、民政大臣。明代巡抚的设置，有明显的阶段性，总的趋势是逐步地方化和制度化，即由中央派出的大员向地方的军政长官转化，由临时性的差遣向永久性的机构转化。巡抚又是应提高统治效率、整肃军备的需要而产生的。通过派遣廷臣管理地方事务和对原有机构进行某些改革来整饬吏治、革除积弊，已成为历代虽然不自觉却又经常性的措施。巡抚初设时，往往是在本省"往来巡抚"，与布政司合署办公。景泰、天顺以后，各地巡抚陆续开府建衙。

## ● 二十四衙门

明代宦官体制，是宦官侍奉皇帝及其家族的机构。内设十二监，四司，八局，统称二十四衙门。

十二监：司礼监，御马监，内官监，司设监，御用监，神宫监，尚膳监，尚宝监，印绶监，直殿监，尚衣监，都知监；

四司：惜薪司，钟鼓司，宝钞司，混堂司；

八局：兵仗局，银作局，浣衣局，巾帽局，针工局，内织染局，酒醋面局，司苑局。

## ● 锦衣卫

锦衣亲军都指挥使司，皇帝的侍卫机构。明洪武十五年（1382），朱元璋为加强中央集权统治设锦衣卫，特令其掌管刑狱，赋予巡察缉捕之权，从事侦察、逮捕、审问活动。锦衣卫的首领称为指挥使，一般由皇帝的亲信武将担任，很少由太监担任。

## ● 胡惟庸案

明太祖朱元璋因丞相胡惟庸谋反，株连功臣宿将的重大政治案件。明初，朱元璋对丞相胡惟庸专权擅政、结党营私、骄横跋扈的举动极为不满，采取种种方式对其制约。洪武十三年，有人上书告胡惟庸谋反，朱元璋遂以枉法诬贤、蠹害政治等罪名将胡惟庸等处死。胡惟庸死后，谋反罪状陆续被揭发。朱元璋为肃清逆党，株连杀戮者达3万余人，前后达10年之久。胡惟庸被杀后，朱元璋遂罢丞相，革中书省，其事由六部分理，皇帝拥有至高无上的权力，中央集权得到进一步加强。

## ● 靖难之役

明朝开国皇帝朱元璋死后不久爆发的一场统治阶级内部争夺皇位的战争。起于建文元年（1399），至建文四年朱棣由燕王登皇位而结束，历时4年。因建文帝采取一系列削藩措施，严重威胁藩王利益，坐镇北平的燕王朱棣起兵反抗，随后挥师南下，史称靖难之役。1402年，朱棣攻破明朝京城南京，战乱中建文帝下落不明。同年，朱棣即位，为明成祖。

## ● 迁都北京

靖难之役后朱棣十分重视经营北方，永乐初即改北平为北京，设行在六部，增设北京周围卫所，逐渐建立起北方新的政治军事中心。永乐十四年（1416）开工修建北京宫殿，永乐十九年（1421）北京城全部主体工程建成，朱棣正式迁北京，称北京为京师，南京为留都。朱棣为保证北京粮食与各项物资的需要，于九年疏浚会通河，十三年凿清江浦，使运河重新畅通，对南北经济文化交流与发展起了重要的作用。在此基础上，对其他边疆地区的统治也得到发展。

## ● 郑和下西洋

明永乐三年（1405）明成祖命郑和率领庞大的240多艘海船、27400名士兵和船员组成的船队远航，访问了30多个在西太平洋和印度洋的国家和地区，加深了中国同东南亚、东非等地区的友好关系。郑和每次都由苏州刘家港出发，一直到明宣德八年（1433），共远航7次之多。

郑和率领的庞大船队，就其活动的性质来说，既不是一般的商船队，也不是一般的外交使团，而是由封建统治者组织的兼有外交和贸易双重任务的船队。出使的任务其一是招徕各国称臣纳贡，与这些国家建立起上邦大国与藩属之国的关系；其二是赠送礼物；其三是进行贸易活动；其四是与南海（今马六甲海峡）国家建立友好关系。

郑和下西洋代表了中国的航海探险的高峰，比西方探险家达伽马哥伦布等人早80多年。明朝在航海技术、船队规模、航程距离、持续时间、涉及领域等方面均领先同一时期的西方；郑和下西洋代表了一个文明古国的责任，强大而不称霸。

## ● 土木堡之变

明军在土木堡被瓦剌军打败，明英宗被俘事件。明正统十四年（1449），蒙古族瓦剌部落首领也先遣使2000余人贡马，向明朝政府邀赏，由于宦官王振不肯多给赏赐，并减去马价的4／5，没能满足他们的要求，遂制造衅端，统率4路大举向内地骚扰。大同前线的败报不断传到北京，英宗和王振率50余万大军从北京出发开进大同。也先为诱明军深入，主动北撤。王振看到瓦剌军北撤，仍坚持北进，后闻前方惨败，则惊慌撤退。至宣府，瓦剌大军追袭而来，明军3万骑兵被杀掠殆尽。明英宗狼狈逃到土木堡，与亲兵乘车突围，不得出，被俘，随征大军几乎全部战死。这次战役，明史称为土木之败。这次大败成为明朝由初期进入中期的转折点。

### ● 北京保卫战

明朝军队抗击瓦剌军进攻北京的战役。正统十四年（1449）也先挟持英宗入犯北京，京城告急，北京保卫战开始。明景帝让于谦全权负责守战之事。于谦分遣诸将率兵22万，于京城九门之外列阵，并亲自在德胜门设阵，以阻敌人前锋。于谦派骑兵引诱也先，当也先率数万众至德胜门时，明朝伏兵冲出，神机营火器齐发，将也先兵马击溃。也先又转攻西直门，城上守军发箭炮反击，也先又败。京师之围解除。北京保卫战的胜利，不仅加强了京师部队的战斗力，而且还使明王朝的统治得到了进一步的加强。

### ● 刘瑾专权

刘瑾善于察言观色，随机应变，深受武宗信任，在成为司礼监掌印太监后，趁机专擅朝政，排除异己，朝中正直官员大都受他迫害。权力的集中刺激了他的贪欲，公然受贿索贿，还派亲信到地方供职为其敛财，直接导致地方矛盾的激化。刘瑾的专权使朝政混乱，最后竟动了篡位之心。1510年，武宗派都御史平定安化王的叛乱，叛乱平定后，刘瑾的17条大罪被揭发，并发现印玺、玉带等禁物，武宗终于相信刘瑾谋反的事实。刘瑾被处以凌迟刑。

### ● 庚戌之变

明嘉靖年间，蒙古土默特部首领俺答汗因贡市不遂而发动的战争。俺答汗为对付瓦剌，向明称臣纳贡，希望扩大交易，但明廷害怕土木之变重演，加以拒绝，并杀来使。嘉靖二十九年（1550），俺答率军犯大同、宣府，大同总兵仇鸾惶惧无策，以重金贿赂俺答，俺答移兵东去，入古北口，杀掠吏民无数，明军一触即溃，俺答长驱入内地，京师震恐。明世宗朱厚熜急集兵民及四方应举武生守城，援军虽5万余人，但皆怯战，又缺少粮秣，严嵩也要求诸将坚壁勿战，听凭俺答兵在城外掳掠。其后，俺答汗领兵由古北口出塞。

## ● 东林党

明朝晚期以江南士大夫为主的政治集团。万历三十二年（1604），被革职还乡的顾宪成在资助下修复宋代杨时讲学的东林书院，与高攀龙等人讲学其中。讲习之余，往往讽议朝政，裁量人物。这种政治性讲学活动，形成了广泛的社会影响。三吴士绅、在朝在野的各种政治代表人物、东南城市势力、某些地方实力派等，一时都聚集在以东林书院为中心的东林派周围，时人称之为东林党。

## ● 徐 达

字天德，明朝开国军事统帅。徐达参加农民起义军，投奔朱元璋后，不仅作战勇敢，而且"时时以王霸之略进"，协助朱元璋收编了定远的几支地主武装，攻占滁、和等地，被朱元璋授为镇抚，位于诸将之上。他统兵"廓江汉，清淮楚"，击灭陈友谅势力；"电扫西浙"，攻占平江（今江苏苏州），消灭张士诚势力；率师北伐，"席卷中原"，克复大都（今北京），"声威所震，直达塞外"，完成了推翻元朝、统一北方的重任。作为一名杰出的将领，徐达不仅具有优异的军事才能，而且具有许多优秀的品德。他严于律己，能与士卒同甘共苦。徐达治军严明，不仅要求部下听从号令指挥，"令出不二"，而且严禁他们骚扰百姓，"有违令扰民，必戮以徇"。徐达"以智勇之资，负柱石之任"，为明王朝的开创立下了盖世之功。

## ● 戚继光

字元敬，明朝著名抗倭将领、民族英雄、军事家、武术家。时浙江多被倭患，戚继光招募农民和矿徒，组成新军。严明纪律，赏罚必信，并配以精良战船和兵械，精心训练；他还针对南方多湖泽的地形和倭寇作战的特点，审情度势，创造了攻防兼宜的"鸳鸯阵"战术，以11人为1队，配以盾、矛、枪、狼筅、刀等长短兵器，因敌因地变换队形，灵活作战。于闽、浙、粤沿海诸地抗击来犯倭寇，历10余年，大小80余战，终于扫平倭寇之患。

## ● 戚家军

戚家军嘉靖三十八年（1559）成军于浙江义乌，总兵力4000人，主力是农民和矿工。自成军起，大小数百战未尝败绩。戚家军赖以成名的是严明的军纪，职业化的训练水平，东亚最先进的装备，百战百胜的战绩和高达10余万级的斩级记录。戚家军的纪律严明是闻名天下，但凡出征时有扰民行为的一律斩首示众，所以戚家军无论在哪里作战都能够获得当地百姓的支持，就连少数民族都愿意为之誓死效命，这样的军队在封建王朝是独一无二的。戚继光抗倭期间，加固长城、筑建炮台、整顿屯田、训练军队，制订车、步、骑配合作战的战术，形成墙、台、堑密切联络的防御体系，多次击退侵扰之敌，军威大振，时人誉为"足称振古之名将，无愧万里之长城"。

## ● 李时珍

字东璧，中国历史上最著名的医学家、药学家、博物学家，所著《本草纲目》是本草学集大成的著作，对后世的医学和博物学研究影响深远。李时珍继承家学，尤其重视本草，并富有实践精神，他远途跋涉，四方采访，虚心向劳动人民学习，经过长期的实地调查，搞清了药物的许多疑难问题。李时珍非常注意观察药物的形态和生长情况，通过采视的方法对实物进行比较核对，弄清不少似是而非、含混不清的药物。同时，李时珍参考历代有关医药及其学术书籍800余种，结合自身经验和调查研究，从中摘录了大量有关医药学的诗句，而这些诗句也确实给予他许多真实有用的医药学知识，帮助他纠正了前人在医药学上的许多谬误。李时珍历时27年编著的《本草纲目》一书，是我国明以前药物学的总结性巨著。此外，还著有《濒湖脉学》一书。

## ● 利玛窦

意大利耶稣会传教士、学者。万历年间来到中国居住，中文名字为利玛窦，号西泰。在中国颇受士大夫的敬重，尊称为泰西儒士。他是天主教在中国传教的开拓者之一，也是第一位阅读中国文学并对中国典籍进行钻研的西方学者。他除传播天主教教义外，还广交明朝臣僚和社会名流，传播西方天文、数学、地理等科学知识。他的著述不仅对中西交流做出了重要贡献，也对明朝士大夫认识西方文明产生了重要影响。

## ● 耶稣会

天主教的主要修会之一，又称耶稣连队，最主要的任务是教育与传教。其组织形式仿效军队编制，组织严密，纪律森严；成员均为神父，非神父不能成为成员；使命是努力成为一个为别人生活的人。1583年，利玛窦来到中国广东，在南方辗转18年后，于1601年进入北京，之后的10年，利玛窦以精湛的数学、天文知识和对中国经典的通晓，在中国的知识分子中建立了良好的形象，这个模式也被其他许多相继来华的耶稣会士采用。

● 耶稣会来华传教士

明代传教士在中国输入宗教和科学，传播科学并不比宗教少，因为中国人需要科学知识，只谈宗教不能得到士大夫的尊信。以利马窦和汤若望为例，一开始为传教而传教，结果到处碰钉，相当不顺利。后来改变了态度，宣传西方科技，马上就改变了处境，招至大批中国士大夫的青睐，影响也越来越大。

● 张献忠

字秉忠，明末农民起义领袖，曾建立大西政权。明崇祯三年（1630），张献忠积极响应王嘉胤在米脂的起义，很快以英勇善战成为主要将领，并以能谋善战的八大王出名。后与李自成等归附高迎祥，不久张献忠与李自成分裂，张献忠遂率部攻长江流域，李自成攻黄河流域。崇祯十年（1637），起义军严重受损，张献忠受伤，政治上发生动摇，被招安，后因对官府腐败官僚无止境的索贿、敲诈、不信任不满，采用避实就虚的战术，重举反明的大旗。不久张献忠克长沙、成都，并于成都先号称秦王，后宣告建立大西国，改元大顺，建立健全制度，称帝，以成都为西京。清顺治三年（1646），张献忠与清朝亲王豪格相遇，两军激战之中，张献忠中箭身亡。

● 袁崇焕

字元素，明朝末年的争议人物，政治、军事人物，著名文官。天启二年（1622），任兵部职方司主事，同年单骑出关考察关外，还京后自请守卫辽东，任宁前道，筑宁远城（今辽宁兴城）卫戍。天启六年（1626），努尔哈赤攻宁远城三日不克，受炮伤而死，史称宁远大捷。袁崇焕因功升至辽东巡抚，开始经营关宁锦防线。崇祯元年（1628），袁崇焕为兵部尚书兼右副都御史，督师蓟、辽，兼督登、莱、天津军务。

崇祯二年（1629），皇太极率军10万绕境蒙古，由喜峰口攻陷遵化，袁崇焕进入北京以东的蓟州，以关宁兵布防蓟州西部各地。不久，后金军偷越蓟州进袭北京，袁崇焕部队拼命追击，提前抵达广渠门外，和后金军互有杀伤。袁崇焕此举引起北京城外戚畹中贵的极度不满，纷纷向朝廷告状，袁崇焕遂被下狱。崇祯三年（1630），经过半年多的审判，袁崇焕以"通房谋叛""擅主和议""专戮大帅"之罪名于北京甘石桥慷慨就义。

## ● 明长城

明朝在北部地区修筑的军事防御工程，亦称边墙。明朝建立以后，退回到漠北草原的蒙古贵族鞑靼、瓦剌诸部仍然不断南下骚扰抢掠；明中叶以后，女真族又兴起于东北地区，也不断威胁边境的安全。为了巩固北方的边防，在明朝的200多年统治中几乎没有停止过对长城的修筑工程。

关城是出入长城的通道，也是长城防守的重点，建砖砌拱门，上筑城楼和箭楼。一般关城都建两重或数重，其间用砖石墙连接成封闭的城池，有的关城还筑有瓮城、角楼、水关或翼城，城内建登城马道，以备驻屯军及时登城守御。关城与长城是一体的。

明长城是中国历史上费时最久、工程最大，防御体系和结构最为完善的工程，对明朝防御掠扰，保护国家和人民生产生活的安定、开发边远地区，保护中国与西北域外的交通联系都起过不小的作用，充分体现了中国古代建筑工程的成就和古代劳动人民的聪明才智。

## ● 明北京城

明北京城的前身为1264年营建的元大都城。洪武元年（1368），明朝将领徐达攻陷元大都，由于元顺帝不战而逃，城市未受到破坏。靖难之役后北平改为北京，1420年，建成紫禁城宫殿、太庙、太社稷、万岁山、太液池、十王府、皇太孙府、五府六部衙门、钟鼓楼，同时南城墙南移0.8公里，以修建皇城。此后，又在北京南郊修建天地坛和山川先农坛。1436—1445年，明英宗对北京城进行第二次增建，主要工程包括：开挖太液池南海；建九门城楼、瓮城和箭楼；城池四角建角楼；护城河上的木桥全部改为石桥，桥下设水闸，等等。整修之后的京城周长45里，形成了极其坚固的城防体系。北京城建成后，多次面临蒙古瓦剌部的入侵，有人提出在京城外加筑外城的建议。1564年增筑外城各城门的瓮城筑成。嘉靖初年，在西郊新建地坛、日坛、月坛，由此形成的北京城布局一直延续了近400年。

● 明十三陵

明朝迁都北京后13位皇帝陵墓的皇家陵寝的总称。坐落在北京西北郊昌平区境内的燕山山麓的天寿山。自永乐七年（1409）始建长陵，至明朝最后一帝崇祯葬入思陵止，先后修建了13座皇帝陵墓、7座妃子墓、1座太监墓。总面积120余平方公里。13座皇陵均依山而筑，分别建在东、西、北三面的山麓上，形成了体系完整、规模宏大、气势磅礴的陵寝建筑群。是中国乃至世界现存规模最大、帝后陵寝最多的一处皇陵建筑群。

● 《本草纲目》

明朝医药学家李时珍为修改古代医书的错误而编的。李时珍以毕生精力，亲历实践，广收博采，实地考察，对本草学进行了全面整理总结，历时29年编成。全书52卷，190余万字，记载了1892种药物，分为60类，其中374种是李时珍新增加的药物，收药1892种，绘图1100多幅，并附有11096多个药方。它集中国16世纪以前药学之大成，对世界自然科学也有举世公认的卓越贡献。这本药典，无论从严密的科学分类，还是从包含药物的数目，以及从流畅生动的文笔来看，都远远超过古代任何一部本草著作。

● 《徐霞客游记》

以日记体为主的中国地理名著。明末，徐霞客经34年实地旅行，写有天台山、雁荡山、黄山、庐山等名山游记17篇，以及《浙游日记》《江右游日记》《楚游日记》《粤西游日记》《黔游日记》《滇游日记》等著作，除佚散者外，遗有60余万字游记资料。后人根据这些资料整理成《徐霞客游记》，世传本有10卷、12卷、20卷等版本，主要按日记叙述作者1613—1639年间旅行观察所得，对地理、水文、地质、植物、风俗人情、少数民族的聚落分布、土司之争等现象，均作详细记录。在地理学和文学上卓有成就，具有一定历史学、民族学价值。被后人誉为"世间真文字、大文字、奇文字"。

● 《日知录》

明末清初著名学者顾炎武的代表作品之一。书名取之于《论语·子张篇》。子夏曰："日知其所亡，月无忘其所能，可谓好学也已矣。"《日知录》内容宏富，贯通古今。32卷本《日知录》有条目1009条（不包括黄侃《校记》增加的2条），其内容大体划为8类，即经义、史学、官方、吏治、财赋、典礼、舆地、艺文。《日知录》中的经世思想是丰富的。顾氏提出社会风气的好坏决定社会兴衰的观点；看到了"势"在事物发展过程中的作用；主张进行社会变革，以淡化至高无上的君权，为建立新型的君臣关系提供历史根据；表现了初步的民主思想。然而，其思想中有比较浓厚的封建正统意识和狭隘的民族观念，显现出历史局限性。

● 《明史》

二十四史最后一部，共332卷，包括本纪24卷，志75卷，列传220卷，表13卷。作为一部纪传体明代史，记载了自朱元璋洪武元年（1368）至朱由检崇祯十七年（1644）200多年的历史，其卷数在二十四史中仅次于《宋史》，但修纂时间之久，用力之勤却大大超过先前诸史。修成之后，《明史》得到后代史家的好评，认为它超越了宋、辽、金、元诸史。

● 昆　腔

又名昆山腔，中国古老的戏曲声腔之一，对于多剧种的形成和发展都有影响。元代后期，南戏流经江苏昆山一带，与当地语音和音乐相结合，经昆山音乐家顾坚的歌唱和改进，推动了它的发展。明嘉靖十年至二十年间，居住太仓的魏良辅总结北曲演唱的艺术成就，吸取海盐、弋阳等腔的长处，对昆腔加以改革，总结出一系列唱曲理论，从而建立了委婉细腻、流利悠远、闲雅整肃、清俊温润的昆腔歌唱体系。昆山人梁辰鱼，继承魏良辅的成就，对昆腔做进一步的研究和改革，编写了第一部昆腔传奇《浣纱记》，扩大了昆腔的影响。于是，昆腔遂与余姚腔、海盐腔、弋阳腔并称为明代四大声腔。万历末，昆腔传入北京，成为全国性剧种，称为"官腔"。从明天启初到清康熙末，是昆曲蓬勃兴盛的时期。

## ● 国子监

中国古代的一种大学、中央官学，始设于隋代，亦中国古代教育体系中的最高学府。

明初设中都国子学，后改为国子监，明朝由于首都北迁，在北京、南京分别设有国子监，设在南京的国子监被称为南监或南雍，而设在北京的国子监则被称为北监或北雍。北京国子监始建于元朝大德十年（1306），是元、明、清三朝国家管理教育的最高行政机关和国家设立的最高学府，亦是中国现存唯一一所古代中央公办大学建筑。

## ● 徽　商

又称新安商人，俗称徽帮，专指明清时期，徽州府辖地经商的商人，而非所有安徽籍商人。徽商萌生于东晋，成长于唐宋，盛于明，衰于清末。

明代中叶以后至清乾隆末年的300余年，是徽商发展的黄金时代，无论营业人数、活动范围、经营行业与资本，都居全国各商人集团的首位。徽商的足迹还远至日本、暹罗、东南亚各国以及葡萄牙等地。

徽商凭借特有的徽商精神——卫国安民的爱国精神、百折不挠的进取精神、度势趋时的竞争精神、以众帮众的和谐精神、惠而不费的勤俭精神、以义制利的奉献精神、贾而好儒的文化精神——发展为雄视天下的大商帮。这种精神植根于中国传统文化的土壤之中，又被徽商进一步发扬光大，是徽商留给后人的宝贵遗产。

# 盛衰荣辱的清王朝

## （1616—1911）

### ● 清太祖努尔哈赤

爱新觉罗·努尔哈赤，中国历史上最后一个封建王朝的奠基人，雄才大略的政治家、军事家。统一女真各部、东北地区；创制满族文字、八旗制度，促进满族形成；建立后金政权，奠定大清基础；身经百战，纵横捭阖，具有丰富的军事经验、积极推进社会改革，为满族的进步和强盛、历史的前进和发展做出了重大贡献。

### ● 清太宗皇太极

爱新觉罗·皇太极，明天启六年（1626）在沈阳继后金汗位，次年改元天聪。他对内大力推行封建化的改革，加强中央集权；仿照明制，逐步建立国家统治机构；体恤民力，促进农业生产，使大量汉族奴隶取得了民户地位，社会矛盾得到缓和。对外屡败朝鲜，四面结盟；统一漠南各部，征服蒙古；多次率军攻打明朝，将西部国界扩张至锦州、宁远一线。天聪十年，改元崇德，改国号大清，正式称帝。

### ● 孝庄皇后

博尔济吉特氏，蒙古科尔沁部贝勒之女，清太宗皇太极妃，谥号孝庄。清朝历史上一位举足轻重、颇受关注的人物。孝庄先后辅佐三代帝王，辅佐皇太极为清朝平定中原立下了汗马功劳；在争夺最高领导权的纷争中，以灵活巧妙的手段确保福临即位；辅政康熙除鳌拜，平定三藩。在后金的一步步成功中，她逐渐卷入一场又一场斗争的旋涡，对清军入关、灭明和巩固起到了不可估量的作用，展示出卓越的政治才华，确立了稳固的地位，并成为清初政坛上一言九鼎的人物。

## ● 八旗制度

清代满族的社会组织形式。努尔哈赤在统一女真各部战争中，随着势力扩大、人口增多，于明万历二十九年（1601）建立黄、白、红、蓝四旗，称正黄、正白、正红、正蓝，旗皆纯色。1615年，努尔哈赤为适应满族社会发展的需要，创建了八旗制度，即在原有的四旗之外，增编镶黄、镶白、镶红、镶蓝四旗（镶，亦写作厢）。八旗制度的特点是以旗统人，即以旗统兵，凡隶于八旗者皆可以为兵。清统治全国之初，由于统一全国的战争需要，以及平定各地的反清斗争，满洲八旗发展迅速。

八旗制度是清朝统治全国的重要军事支柱，为发展和巩固多民族统一的国家、为保卫边疆防止外来侵略等做出过积极贡献，对满族社会的发展，更起到不可磨灭的作用。

## ● 宁远之战

袁崇焕修建宁远城不久，后金发动对宁远的进攻。当时形势是后金大兵压境，明军主力部队撤入山海关内。袁崇焕前有劲敌，后无援军，独守宁远孤城。他面临紧急态势，做了如下守城准备：制定兵略，凭城固守；激励士气，画地分守；修台护铳，布设大炮；坚壁清野，严防奸细；兵民联防，送食运弹；整肃军纪，以静待动；重金赏勇，鼓励士气；防止逃兵，预先布置。袁崇焕在后金兵锋强盛、宁远孤城无援的态势下，取得宁远大捷，使明朝军民重新树立了战胜后金军的信心。三年之内，后金没有大的战事。

## ● 清军入关

狭义上指明崇祯十七年、大顺永昌元年、清顺治元年（1644），中国东北以满族为主体的少数民族政权的军队在明朝总兵吴三桂的带领下大举进入山海关内、攻占京师（北京）、开始成为统治全中国的事件。广义上指，1644年清军入关后，镇压农民军、消灭南明诸政权等汉族反抗武装的一系列统一中国的军事行动。此事件对中国产生了极为深远的影响，是中国历史的转折点之一。

## ● 顺治帝

爱新觉罗·福临，清世祖顺治，是清朝入关的第一位皇帝，清朝的第三位皇帝。崇德八年（1643）承袭皇太极皇位，由叔父睿亲王多尔衮及郑亲王济尔哈朗辅政。1644年改元顺治，自盛京迁都北京，即位于武英殿。福临，6岁登基，是在多智多勇又独断专行的叔父多尔衮与深明大义的生母孝庄皇后教导之下成长起来的皇帝，14岁（1651）亲政。多尔衮病逝后，顺治摆脱傀儡地位，对多尔衮实行惩处。为加强皇权，他废除诸王贝勒管理各部事务的旧例，又采取停止圈地、放宽逃人法等一系列缓和民族矛盾的措施。尽管顺治很想有番作为，也颇为中原文化所吸引，但终因其周围尚未形成一支以他为主导的强有力的政治势力，致使他在与反对汉化的勋旧大臣的较量中败下阵来。

## ● 总　督

明清地方军政大员，又称总制，明代始设。清代总督为地方最高级长官，位在巡抚之上，管辖一省或二三省，兼都察院右都御史衔，正二品；加兵部尚书衔，从一品。清初总督、巡抚额数及辖区并不固定，中期以后始定设八督十二抚，后略有增减。总督职掌综理军民事务、统辖文武、考核官吏，为一方面军民高级长官，世称封疆大吏。

## ● 康熙帝

爱新觉罗·玄烨，清圣祖仁皇帝，清定都北京后第二位皇帝，清朝第四位皇帝。康熙在祖母太皇太后孝庄皇后的帮助下，于康熙八年赢得了与顾命大臣鳌拜斗争的胜利，开始亲政。执政期间，削平三藩，巩固统一；收复台湾，开府设县；抵御外侵，缔结和约；亲征朔漠，善治蒙古；重农治河，兴修水利；移天缩地，兴建园林；兴文重教，编纂典籍；吸纳西学，学习科技。此外，康熙数百次巡查，了解民情吏治，最著名的为六次南巡、三次东巡、六次西巡。

康熙在位61年，使清朝成为当时世界上幅员最为辽阔、经济最富庶、人口众多的帝国，奠定了清朝兴盛的根基，开创了康熙盛世的局面，对中国历史和世界文明的发展做出了重大的贡献。

## ● 三　藩

清朝初年，将明朝降将有功者分封在南方诸省。吴三桂封平西王，镇守云南，兼辖贵州；尚可喜封平南王，镇守广东；耿仲明封靖南王，（后其子耿继茂、其孙耿精忠袭封），镇守福建。上述三方势力合称三藩。三藩在其镇守省份的权力甚大，远超过当地官员，并可掌控当地军队、税赋等诸多事宜。

## ● 雅克萨之战

沙俄侵略者妄图侵占中国黑龙江流域大片领土，中国军民被迫进行的一次反对侵略、收复失地的自卫战争。

黑龙江、乌苏里江流域自古以来就是中国领土。秦汉以后各朝均在此设官统辖。清朝建立后，继续对这一地区行使管辖权，加强统治。16世纪初，俄国由欧洲一个不大的公国逐步对外侵略扩张。在西伯利亚东部的勒拿河流域建雅库茨克城，作为南下侵略中国的主要基地。经过中国军民的多次打击，侵入黑龙江流域的俄国侵略军一度被肃清。后来，沙俄侵略势力又到雅克萨筑城盘踞。康熙二十二年（1683），清军勒令盘踞在雅克萨等地的沙俄侵略军撤离，沙俄不予理睬，反而率兵劫掠。康熙命清军收复雅克萨。清军约3000人分水陆两路开进，在雅克萨城的南、北、东三面掘壕围困，同时在城西河上派战舰巡逻，切断守敌外援，成功将其攻克。

此战的胜利，是中国人民在辽阔的东北边界为保卫边防而进行的长期反复斗争的一次胜利，挫败了沙俄跨越外兴安岭侵略黑龙江流域的企图，遏制了几十年来沙俄的侵略，使东北边境在以后一个半世纪基本安宁，谱写了一曲反侵略斗争的凯歌。

## ● 雍正帝

爱新觉罗·胤禛，清朝入关之后第三位皇帝。康熙三十七年（1698）封为贝勒，四十八年（1709）晋封雍亲王。此间诸皇子为谋求储位，各结私党，钩心斗角。最后，胤禛内倚理藩院尚书隆科多的特殊地位，外借四川总督年羹尧的兵力，继承皇位，改年号雍正。

雍正在位13年，以统治手段严苛闻名，并对吏治进行系列改革：为减轻百姓赋税、提高人口数量，施行摊丁入亩；为加强对西南少数民族的统治，施行改土归流；为建立养廉银制度，施行耗羡银归公；为加强皇权、提高军务效率，设立军机处；为避免争储相残，创立秘密建储制，有助于乾、嘉、道、咸几朝皇权的顺利过渡。虽然雍正是一位颇有争议的历史人物，但其勤政务实，为康乾盛世的顺利相承起到了重要作用。

## ● 军机处

清代官署名，亦称军机房、总理处，是清朝中后期的中枢权力机关。雍正七年（1729），因用兵西北，而内阁在太和门外，恐漏泻机密，始于隆宗门内设置军机房，选内阁中谨密者入值缮写，以处理紧急军务之用，辅佐皇帝处理政务。十年（1732），改称办理军机处，简称军机处。军机处的设立是清代中枢机构的重大变革，标志着清代君主集权发展到了顶点。军机处成立后，议政王大臣会议于乾隆五十六年（1791）废止了，内阁变成办理例行事务的机构，一切机密大政均归于军机处办理。军机处总揽军、政大权二端，真正成为执政的最高国家机关。

## ● 乾隆帝

爱新觉罗·弘历，清朝第六位皇帝，雍正第四子。雍正元年（1723），弘历被雍正秘密建储，十一年（1733）封为和硕宝亲王，开始参与军国要务。雍正十三年（1735），弘历即位，改年号乾隆，由此站到中国社会的制高点，开始施展其文治武功。

文治：政治上，实行宽严相济之策，务实足国，优待士人、勤政爱民，六下江南考察民情；经济上，奖励垦荒，兴修水利，全国呈现繁荣昌盛之势；文化上，历时15年，组织编撰中国历史上最大的丛书《四库全书》。但同时，文字狱的兴起也是耸人听闻的；外交上：欢迎土尔扈特部的回归，连续8年免除赋税；断然拒绝西方殖民者的无理要求，对于诚意之邦采取友好态度，但拒绝通商，其闭关锁国政策使中国科学技术与欧洲差距加大。

武功：乾隆利用清朝强大的军事力量和少数民族之间的隔阂，两次平定西北的准噶尔部；一次平定新疆回部；两次征服西南的大小金川；一次出征缅甸，一次出征越南和两次出征尼泊尔。其中，对历史影响最大的是西北方面的军事行动，密切了中原与少数民族的关系，加强了中央集权。

乾隆在位的60年，是中国封建社会经过沉淀之后集大成的时代，而乾隆末年，亦是清朝由盛转衰的过渡。

## ● 乾隆南巡

从1751年到1784年间，乾隆仿效祖父康熙，六下江南考察民情。

而乾隆南巡，虽然不能完全否定其对巩固政治的作用，但他更偏重游山玩水，每次都在万人以上，所到之处极尽奢侈糜费，所耗费用超过康熙10倍，不仅加重了百姓负担，还造成了奢靡的社会风气。

● 土尔扈特部回归

土尔扈特部是明朝瓦剌的后裔，明末清初时属于蒙古族的一个组成部分。17世纪30年代，由于相邻的准噶尔形成威慑力量，土尔扈特部被迫迁徙到伏尔加河下游，遭到沙俄的残暴统治。1771年1月，在首领渥巴锡的率领下，土尔扈特部一边战斗，一边前进，在饥饿、病痛折磨下，击溃了沙俄追兵，历时半年，行程万余里，付出人员减半、牲口全部损失的代价，投入祖国的怀抱。清政府对土尔扈特部的归来十分重视，乾隆帝邀请土尔扈特部首领来暑山庄觐见，派御前大臣亲去迎接。土尔扈特部回归，为多民族国家的巩固统一写下了光辉篇章。

● 刘　墉

字崇如，清朝政治家、书画家。乾隆二十一年（1756）始，刘墉外放做地方官，秉承其父刘统勋正直干练、雷厉风行的行事风格，为官清廉，对科场积弊、官场恶习进行力所能及的整顿，历经二十余年由学政、知府，至督抚大员、内阁大学士。刘墉还是著名的书法家，是帖学之集大成者，为清代四大书家之一（其余三人为成亲王、翁方纲、铁保）。

● 和　珅

字致斋，中国历史上有史可考的第一巨贪。和珅虽不会治国统军，无甚功业，却特别擅于揣摩帝意、迎合君旨、玩弄权术，还会为皇上聚敛银钱，所以成为乾隆的唯一心腹和代理人。他利用权力结党、擅权、敛财；大力投身工商活动，开当铺、设银号、建煤窑、经营各种买卖，不仅是权倾一朝的首辅大臣，也是有清以来的赫赫首富。嘉庆即位后，以20条罪状将和珅查抄，其财产的1／3，价值2亿2千300万两白银。

● 纪　昀

字晓岚，清代文学家。历雍正、乾隆、嘉庆三朝，文思敏捷、博古通今、机智诙谐、出语惊人、盛名当世，是乾嘉时期公认的文坛领袖；官位虽大，但为人通达、礼贤下士、人情味重，交友甚广，是乾嘉时期官方学术名副其实的领军人物。乾隆三十八年（1773），主持编纂《四库全书》，乾隆五十八年（1793），又殚十年之力，编纂《〈四库全书〉总目提要》，对保存和整理中国古代文化遗产功不可没。

## 《二十四史》

中国古代二十四部正史的总称。乾隆皇帝钦定二十四史，正史一称即专指二十四史。

二十四史共3249卷，约4000万字，记叙的时间，从第一部《史记》记载传说中的黄帝起，至最后一部《明史》记叙到明崇祯十七年（1644）止，前后历时4000余年，用统一的本纪、列传的纪传体编写，内容非常丰富，包括历代经济、政治、文化艺术和科学技术等各方面内容。

## 《四库全书》

中国古代最大的一部官修书，也是中国古代最大的一部丛书，分经、史、子、集四部，故名四库。据文津阁藏本，该书共收录古籍3503种、79337卷、装订成36000余册。《四库全书》的编纂，保存了丰富的文献古籍，是古代文化的一次总结，对于弘扬民族文化、传播古代文化做出了重要贡献。

## 《康熙字典》

由张玉书、陈廷敬等30多位著名学者奉康熙圣旨编撰的一部具有深远影响的汉字辞书。编撰工作始于康熙四十九年（1710），成书于康熙五十五年（1716），历时6年，因此书名为《康熙字典》。字典采用部首分类法，按笔画排列单字，字典全书分为12集，以十二地支标识，每集又分为上、中、下3卷，并按韵母、声调以及音节分类排列韵母表及其对应汉字，共收录汉字47,035个，为汉字研究的主要参考文献之一。

## 扬州八怪

中国清代中期活动于扬州地区一批风格相近的书画家总称，或称扬州画派。扬州八怪之说，由来已久，但八人的名字，互有出入。据李玉棻《瓯钵罗室书画过目考》中的八怪为：罗聘、李方膺、李鱓、金农、黄慎、郑燮、高翔和汪士慎。此外，各书列名八怪的，尚有高凤翰、边寿民、闵贞等，说法很不统一，今人取八之数，多从李玉棻说。

从康熙末年崛起，到嘉庆四年"八怪"中最年轻的画家罗聘去世，前后近百年。他们绘画作品为数之多，流传之广，无可计量。他们作为中国画史上的杰出群体已经闻名于世界。

## ● 避暑山庄

清代皇帝夏日避暑和处理政务的场所，为中国著名的古代帝王宫苑，始建于康熙四十二年（1703），成于乾隆五十五年，历时87年。避暑山庄占地564万平方米，环绕山庄蜿蜒起伏的宫墙长达万米，是中国现存最大的古典皇家园林，相当于颐和园的两倍。与北京紫禁城相比，避暑山庄以朴素淡雅的山村野趣为格调，取自然山水之本色，吸收江南塞北之风光，成为中国现存占地最大的古代帝王宫苑。

## ● 紫禁城

中国明、清两代24位皇帝的皇宫。紫禁城借喻紫微星垣而来。中国古代天文学认为，紫微星垣居于中天，位置永恒不变，是代表天帝的星座，因此天帝所居的天宫谓之紫宫，有紫微正中之说。禁，意指皇宫乃皇家重地。

紫禁城城南北长961米，东西宽753米，占地面积达720平方米，有房屋980座，共计8704间。四面环有高10米的城墙和宽52米的护城河。城墙四面各设城门一座，南为午门，北为神武门，东为东华门，西为西华门。城墙的四角有设计精巧的角楼。紫禁城宫殿都是木结构、黄琉璃瓦顶、青白石底座，饰以金碧辉煌的彩画。其平面布局，立体效果，以及形式上的雄伟、堂皇、庄严、和谐，都可以说世上罕见的。集中国古代建筑艺术之大成，是中国2000多年专制社会皇权思想的集中体现。

## ● 木兰秋狝

清朝皇帝每年秋天到木兰围场（今河北省围场满族蒙古族自治县境）巡视习武，行围狩猎，是帝王演练骑射的一种方式。从康熙四十二年（1703）始，在承德修建避暑山庄，至乾隆五十五年（1790）建成。此后，清代帝王每年夏季都到承德避暑山庄避暑并处理朝政，直到秋狝之后再返回京城。清代帝王秋狝木兰时，往往还要会聚蒙古各部王公，以联络蒙古上层贵族。

## ● 四大徽班进京

清代乾隆年间北京剧坛4个戏班。即三庆班、四喜班、和春班、春台班。多以安徽籍艺人为主，故名。乾隆五十五年（1790），为给乾隆祝寿，从扬州征召了三庆班入京，以唱二黄声腔为主，是为徽班进京演出之始，其后有四喜、启秀、霓翠、和春、春台等安徽戏班相继进京。在演出过程中，6个戏班逐渐合并为四大徽班。

## ● 京剧的形成

京剧是在北京形成的戏曲剧种之一，至今已有近200年的历史，是在徽调和汉戏的基础上，吸收了昆曲、秦腔等一些戏曲剧种的优点和特长逐渐演变而形成的。

清初，京城戏曲舞台上盛行昆曲与京腔（青阳腔）。乾隆中叶后，昆曲渐而衰落，京腔兴盛取代昆曲一统京城舞台。

四大徽班除演唱徽调外，昆腔、吹腔、四平调、梆子腔亦用，可谓诸腔并奏，在表演艺术上广征博采，吸取诸家剧种之长，融于徽戏之中。汉剧流行于湖北，其声腔中的二黄、西皮与徽戏有着血缘关系。徽、汉二剧在进京前已有广泛的艺术交融。

道光二十年至咸丰十年（1840—1860），经徽戏、秦腔、汉调的合流，并借鉴吸收昆曲、京腔之长而形成了京剧。1883—1918年，京剧由形成期步入成熟期，1917年以后，京剧优秀演员大量涌现，呈现出流派纷呈的繁盛局面，由成熟期发展到鼎盛期。

## ● 嘉庆帝

爱新觉罗·颙琰，乾隆六十一年（1796）登基，改元嘉庆。其后，朝政仍被太上皇乾隆帝控制，嘉庆四年（1799年）开始亲政。面对乾隆末年危机四伏的政局，嘉庆帝打出咸与维新的旗号，整饬内政，整肃纲纪，诛杀权臣和珅。嘉庆帝在内乱外患渐逼中，倾力维护清王朝的稳定巩固。嘉庆倾尽全力，大举围剿镇压农民起义，实行剿抚兼施的两手政策，分化瓦解起义军，但其统治力量也受到严重削弱；嘉庆帝力主严禁鸦片，对英国侵略者在沿海的骚扰活动保持了高度警惕性。然而不可逆转的历史发展趋势，使清朝的败落于嘉庆末年已完全表面化，并从此日渐走向衰亡。

## ● 道光帝

爱新觉罗·旻宁，嘉庆二十五年（1820）即位，改元道光。在位期间，正值清朝日趋衰落，吏治腐败，武备废弛，内外交困，道光帝因此整顿吏治，兴修水利，复书院，查保甲，但收效不大，加之国内瑶民、先天教、白莲教、天地会起义不断，清朝逐渐衰落。

更为严重的是，鸦片贸易甚为猖獗。一些开明官僚强烈要求禁烟，道光帝为挽救国家财政危机，多次下诏禁止鸦片贸易，并任命林则徐禁烟，整顿海防，颇见成效。英国遂发动鸦片战争。道光帝战守无策，幻想弭兵息事，将林则徐革职，改派琦善议和。琦善擅自与英国签订草约，道光帝认为有损尊严，又决定对英宣战，派奕山与英军作战。奕山战败后，又与英国订立《广州和约》，之后道光帝又派奕经驰往浙江，结果惨败。鉴于两次出师失败，转而一味求和，与英国签订《南京条约》。随后又与美、法签订《望厦条约》《黄埔条约》。中国开始一步步沦为半殖民地半封建社会。

## ● 虎门销烟

清朝政府委任钦差大臣林则徐在广东虎门集中销毁鸦片的历史事件。此事件成为第一次鸦片战争的导火索，导致《南京条约》的签订。1839年6月3日，林则徐下令在虎门海滩当众销毁鸦片，至6月25日结束，历时23天，销毁鸦片19，187箱又2119袋，总重量2376254斤。虎门销烟是中国近代史上反帝国主义的光辉一页，是一次抗击外来侵略者的伟大胜利。

## ● 鸦片战争

道光二十年（1840），英国侵略者向古老封建的中国发动的一次侵略战争。由于这次战争是英国强行向中国倾销鸦片引起的，所以史称鸦片战争。鸦片战争以后，清政府被迫同英、美、法等国签订了《南京条约》《望厦条约》《黄埔条约》等丧权辱国的不平等条约，使中国社会的性质开始发生根本变化，开始由独立的封建国家沦为半殖民地半封建的国家。鸦片战争是中国历史一次划时代的重大事变，中国近代历史以此为开端。

## ● 《南京条约》

即《江宁条约》，道光二十二年（1842），由清政府钦差大臣耆英、伊里布与英国全权代表璞鼎查在南京签订，是关于结束鸦片战争的条约，也是中国近代史上外国侵略者强迫清政府签订的第一个不平等条约。中国的国家主权和领土完整遭到破坏，丧失了独立自主的地位。古老的中国开始被卷进世界资本主义的漩涡。

## ● 三元里人民抗英

鸦片战争时期广州三元里人民自发的武装抗英斗争。1841年，英军攻陷广州城北诸炮台。清军统帅奕山等求和，订立《广州和约》，但和约墨迹未干，英军就窜扰西北郊三元里及附近村庄，抢掠烧杀，奸淫妇女。广大民众义愤填膺，各地团练共图抵抗。时大雨骤至，英军火枪受潮不能发射，团练民众冒雨反击，将英军分割包围，肉搏鏖战。为纪念这一英雄壮举，当年三元里人民誓师抗英的三元古庙遗址已列为三元里人民抗英斗争史料陈列馆，附近立有三元里人民抗英烈士纪念碑。

## ● 咸丰帝

爱新觉罗氏·奕詝，清朝入关后第7位皇帝，1851年即位，改元咸丰。即位后，面临内忧外患的统治危机：太平天国起义爆发，与清政府分庭抗礼；西方列强以修约为名，发动新的侵略战争，沙皇俄国在中国东北兴师动兵，强占中国黑龙江以北大片领土。为挽救统治危机，咸丰颇思除弊求治。他任贤去邪，企图重振纲纪。重用汉族官僚曾国藩，依靠汉族地主武装镇压太平天国和捻军起义；支持肃顺等革除弊政；罢斥贪位保荣、妨贤病国的军机大臣穆彰阿；处决第一次鸦片战争中投降派官员耆英。

咸丰六年（1856），英法对中国发动第二次鸦片战争，清廷议和，与英、美、法、俄分别签订《中英天津条约》《中美天津条约》《中法天津条约》《中俄天津条约》。咸丰十年（1860），英法联军攻占天津，进攻北京，圆明园、清漪园尽被焚掠。清政府与英、法、俄又订《中英北京条约》《中法北京条约》《中俄北京条约》，并批准中英、中法《天津条约》。

咸丰与其他封建帝王一样，一生中有败笔也有功劳，但作为《北京条约》的直接签订责任者，应该让那些赔款割地者引以为鉴。

## ● 《瑷珲条约》

1858年5月签订的《瑷珲条约》，又称《中俄瑷珲和约》，是第二次鸦片战争期间，沙皇俄国强迫清政府签订的掠夺中国东北领土的条约。瑷珲条约是各个条约中除《中俄北京条约》（乌苏里江以东，包括库页岛，约140万平方公里的中国领土，强行划归俄国）外，割占中国领土最多的一个条约，其将黑龙江以北、外兴安岭以南60多万平方公里的中国领土划归俄国。《瑷珲条约》使中国领土、主权蒙受重大损害，而俄国却从中获得巨大的领土利益和黑龙江、乌苏里江的航行权，以及通往太平洋的出海口。《瑷珲条约》的签订，为沙俄进一步掠夺中国领土开了一个罪恶的先例。

## ● 太平天国运动

太平天国是中国清朝后期，由洪秀全建立的政权，前身为1843年创立的拜上帝会。1851年成立太平天国，1853年建都天京（今南京），至1864年天京陷落止，共存在14年。太平军在全盛时期的兵力超过100万人（包括女兵10余万人），太平天国疆域最广阔时曾占清廷半壁江山，势力发展到18个省，太平天国实际控制的区域发展到23个府州，总共面积150多万平方公里。

天平天国运动的影响是多方面的。一方面，太平天国占领长江中下游富庶地区多年，战事波及半个中国，使清朝国力大伤。太平天国运动及其主张，宣扬了民族思想和革命精神，对日后反清革命有一定影响。另一方面，由于清廷倚赖汉人组建的湘军和淮军打败太平天国，逼使清廷重用汉族臣僚，满洲贵族对军队的控制权减弱；清廷因借助外国势力镇压太平军，因而产生效法西方、推行改革的想法，促成后来洋务运动的出现。

纵观中国近代农民起义的历史，太平天国运动是一次反帝反封建的农民运动，是中国几千年来农民战争的最高峰，它沉重的打击了中外反动势力。并对亚非人民的反殖民斗争起到了巨大的鼓舞作用。

## ● 洪秀全

原名洪仁坤，太平天国创建者及思想指导者。道光年间屡应科举不中，遂吸取基督教义的平等思想，创立拜上帝会。道光三十年（1850）发动金田起义，建国号太平天国，自称天王。咸丰三年（1853）定都南京，称天京，颁布《天朝田亩制度》，后分兵西征、北伐。因东王杨秀清"威权逼己"，诏北王韦昌辉返京诛杨。韦扩大事态，滥杀无辜。洪秀全迫于众怨，只好诛韦，以翼王石达开主政。次年，石达开受猜忌负气出走，太平天国濒危。同治二年（1863），天京为清军围困，粮尽援绝。洪秀全拒绝突围建议，固守天京，次年病逝。

## ● 洋枪队

即华尔洋枪队，又称常胜军。华尔，美国殖民主义者。时值太平军攻克苏州之际，英美等国为阻止太平军攻占上海，由清朝苏州道台出面，委派华尔召募外国籍亡命徒及军人组成雇佣军。此后，他在松江改组洋枪队，任用欧美人当军官，招骗中国人充当兵士，组成中外混合军。清政府赐给华尔官衔，称洋枪队为常胜军。

## ● 洋务运动

又称自强运动，自1861年奕䜣上书始至1895年中日甲午战争结束。经过两次鸦片战争的失败，及太平天国运动对的冲击，清朝统治者意欲寻找解决内忧外患的治世良方以图强。咸丰十年（1860）恭亲王奕䜣会同桂良、文祥上奏《通筹夷务全局酌拟章程六条》，宣告洋务运动开始。

在中央，以恭亲王奕䜣为代表势力；在地方，以曾国藩、李鸿章、左宗棠、张之洞为代表人物。洋务运动前期，洋务派以自强、求富为旗号，采用西方先进生产技术，创办了一批近代军事工业。洋务运动后期，洋务派为解决军事工业资金、燃料、运输等方面的困难，打出求富的旗号，兴办了一批民用工业。

在统治集团解决内外交困的主张中，洋务派主张"师夷之长技以制夷"，利用取官办、官督商办、官商合办等方式发展新型工业，增强国力，以维护清朝统治；顽固派则因循守旧，盲目排斥一切外洋事物。双方互相攻击，斗争十分激烈。虽然洋务派暂时得到清朝统治者的支持，且提倡"中学为体，西学为用"，但其并未触动封建制度，加之处处受到顽固派的阻挠和破坏，洋务运动最终失败。然而，它却引进了西方资本主义国家的机器工业，培养了一批科技人员和技术工人，在客观上刺激了中国资本主义的产生和发展，对外国经济势力的扩张，也起到了一些抵制作用，推动了中国近代化的进程。

## ● 垂帘听政

咸丰帝鉴于前朝鳌拜专权，临终前对辅政大臣使用牵制之策，即把"同道堂"玺、"御赏"玺，分别赐予载淳（同治帝）及两宫皇太后，以二玺代替朱笔，这为慈禧临朝预政提供了契机。慈禧在养心殿东暖阁设两太后宝座在皇帝宝座之后，中间以八扇黄屏风隔开，正式垂帘听政。慈禧通过垂帘听政之途，操纵同治、光绪两朝皇帝，掌握清朝朝政达48年之久。

## ● 火烧圆明园

火烧圆明园的真正概念，不仅是火烧圆明园，而是火烧京西皇家三山五园，焚毁的范围远远比圆明园大得多。这三山五园是：万寿山、玉泉山、香山，清漪园、圆明园、畅春园、静明园、静宜园。

历史上火烧圆明园有两次。第一次火烧圆明园是清咸丰十年（1860），英法联军入侵北京，焚毁了举世闻名的圆明园，园内寺庙建筑也大多毁于大火。第二次火烧圆明园是清光绪二十六年（1900），八国联军入侵北京，再次火烧圆明园，使这里残存的13处皇家宫殿建筑又遭掠夺焚劫。

火烧圆明园的历史则再次证明，国家贫穷、落后、软弱就要被国外所欺凌。

## ● 同治帝

爱新觉罗·载淳，清朝入关后第8位皇帝。1861年由顾命八大臣辅佐继位，年号祺祥；同年，慈裕太后、奕䜣发动政变，改年号同治。6岁即位，两宫听政。同治十二年（1873），两宫撤帘，同治帝亲政。其间，似乎只做了两件事，一是修园，一是冶游。修园，出于孝心，为两宫皇太后营建一方颐养天年的乐土；冶游，出于逆反之心。同治帝对后妃本无偏心，慈禧却延续选妃时的矛盾。然其年少，听从佞臣唆引，微服冶游于酒肆青楼。同治帝的一生是一个悲剧。

## ● 光绪帝

爱新觉罗·载湉，清朝入关第9位黄帝，同治十三年（1874），5岁

175

即位，改年号光绪。作为一位年轻发奋的君主，光绪帝以社稷为重，推行变法，虽然失败，打破封建专制主义的思想禁锢，开启中国思想解放的先河；但对当时社会发展起积极作用；经济上，接受维新派发展民族资本主义的主张，为中国民族资本主义的发展扫清道路；文化教育上，开办学堂、改革科举制度、派人出国留学游历等，使知识分子扩大眼界，给长久封闭的国家带来一些西方先进思想、理论和技术。光绪皇帝是为近代中国第一位效仿西方来变革中国的开明帝王。

## ● 中法战争

1883—1885年，由于法国侵略越南进而侵略中国而引起的一次战争。第一阶段战场在越南北部，第二阶段战场扩大到中国东南沿海。双方在军事上互有胜负，由于清朝统治者的腐朽昏庸，最后法国强迫清政府签订了丧权辱国的不平等条约。当时人称，"法国不胜而胜，中国不败而败"。

## ● 镇南关大捷

中法战争中，清军在广西镇南关（今友谊关）大败法国侵略者的战役。光绪十一年（1885），法军侵占镇南关。时老将冯子材受命帮办广西关外军务，驰赴镇南关整顿部队，部署战守。冯子材得悉法军将犯镇南关，派兵夜袭，打乱法军部署，促使法军在援军未到之前仓卒进攻。冯子材一面令各部迎战，一面通告各军前来策应。当敌逼近长墙时，年已七旬的冯子材持矛大呼，冲入敌阵，全军振奋，与敌白刃格斗，战至中午，终将法军击退。镇南关大捷使清军在中法战争中转败为胜，振奋了民族精神。

## ● 黄海大战

中日双方海军一次主力决战，亦称中日甲午海战、大东沟海战。1894年9月17日，日本联合舰队在鸭绿江口大东沟（今辽宁东沟）附近的黄海海面挑起一场激烈的海战。日本海军在大同江外海面，集中了12艘军舰，北洋舰队参加战斗的军舰为10艘。黄海海战历时5个多小时，北洋水师损失致远、经远、超勇、扬威、广甲5艘军舰，来远舰受重伤，死伤官兵1000余人；日本舰队松岛、吉野、比睿、赤城、西京丸5舰受重伤，死伤官兵600余人。黄海海战以后，北洋水师退回旅顺、威海，避战保船，不再出战，日本海军掌握了黄海制海权，决定了甲午战争中方的战败。

## ● 《马关条约》

清政府与日本于光绪二十一年（1895）签署的条约，原名《马关新约》。《马关条约》的签署标志着中日甲午战争（第一次中日战争）的结束。《马关条约》是1860年中英、中法等《北京条约》以来外国侵略者加给中国的一个最刻毒的不平等条约，它使日本得到巨大的利益，对日本而言，不仅促进了本国资本主义的进一步发展，而且便利其对远东地区的进一步侵略。

从中国方面看，割地赔款，主权沦丧，便利列强对华大规模输出资本，掀起瓜分狂潮，标志列强侵华进入一个新阶段，大大加深了中国的半殖民地化，中国国际地位急剧下降；中国人民挽救民族危亡的运动高涨，资产阶级掀起了维新变法运动和民主革命运动，中国人民自发反抗侵略的斗争高涨，如义和团运动。

## ● 戊戌变法

又名维新变法，其高潮为百日维新，是清朝光绪年间（1898）的一项政治改革运动。这次变法是由光绪帝亲自主张，以康有为为首的改良主义者所进行的资产阶级改良运动。希望通过学习西方、提倡科学文化、改革政治教育制度、发展农工商等主张，使中国走上君主立宪的近代化道路。

这次运动遭到以慈禧太后为首的守旧势力的强烈反对，农历戊戌年（1898），慈禧太后发动政变，光绪帝被囚，维新派康有为、梁启超流亡法国和日本，谭嗣同等戊戌六君子被杀害，历时仅103天的变法失败，因此戊戌变法也称百日维新。

戊戌变法是中国近代史上具有重大意义的事件。它是资产阶级变革社会制度的初步尝试，维新派试图在政治上建立资产阶级君主立宪制，在经济上发展民族资本主义，符合历史发展趋势；是一次爱国救亡的政治运动，在民族危机加剧的时刻，维新派希望通过变法使中国强大，从而摆脱帝国主义列强的侵略，表现出强烈的爱国热情，激发人民爱国思想和民族意识；是近代中国一次思想潮流的解放，资产阶级接维新派提倡新学，主张兴民权，对封建思想进行了猛烈的抨击，起到思想启蒙、促进国人觉醒的作用。

## ● 义和团运动

又称义和拳、义和团事件，庚子事变，是19世纪末中国发生的一场以扶清灭洋为口号，针对西方在华人士包括在华传教士及中国基督徒所进行的大规模群众运动。义和团事件通常与八国联军攻打北京合在一起。义和团运动虽然被西方认为是一场扶清的排外运动，但其在很大程度上削弱了清政府的统治。联军攻入北京城后，义和团被迫转往外地坚持抗击侵略。西太后在流亡途中，指定李鸿章为与列强议和全权代表，发布彻底铲除义和团的命令，轰轰烈烈的义和团反帝爱国运动被中外反动势力联合扼杀了。其后，继续掌握朝政的慈禧太后及其的继承人认识到，无论先前的态度如何，若想避免清朝灭亡，中国势必进行改革。在此以后，至清朝覆亡，实行了多种新政，但始终无法挽回不可逆转的形势。

## ● 八国联军侵华

八国联军指庚子年（1900）以军事行动侵入中国的英国、法国、德国、俄国、美国、日本、意大利、奥匈帝国的联合军队。19世纪末，西方列强掀起了瓜分中国的热潮。随着战争赔款的加深，人民不堪重负，终于引发义和团运动，并以"扶清灭洋"为口号，进入北京城，烧教堂、拆电线、毁铁路。各国公使要求清廷取缔义和团，但此时慈禧因西方支持维新运动、支持光绪重新执政，因而拒绝阻止义和团的活动，各国列强乘机对中国出兵，由天津向北京进攻，英军率先由广渠门破城窜入，北京失陷。慈禧和光绪皇帝仓皇出逃。八国联军占领北京后，派兵四处攻城略地，扩大侵略，给中国人民带来了深重的灾难。

## ● 黄花岗七十二烈士

宣统三年（1911年4月27日）广州起义中牺牲后葬于黄花岗的革命党人。1910年秋，孙中山与同盟会的许多重要骨干决定在广州发动新的起义。由于情势的变化，起义日期一再变动。当黄兴最终决定4月27日起义时，不得不把原计划的10路并举改为4路突击。实际上，只有黄兴率领的一支队伍直扑两广总督衙门，孤军转战后，起义失败，喻培伦、林觉民等百余人遇难。起义失败后，同盟会会员冒着生命危险把散落的

72位烈士遗骸安葬于红花岗，后将此地改名为黄花岗。黄花即菊花，象征节烈，史称黄花岗七十二烈士。这次起义极大地振奋了广大群众的斗志，成为辛亥革命的前奏。

● 辛亥革命

1911年中国爆发的反帝反封建的资产阶级民主革命，因该年以干支计为辛亥年，故称为辛亥革命。辛亥革命是在清王朝日益腐朽、帝国主义侵略进一步加深、中国民族资本主义初步成长的基础上发生的，其目的是推翻清朝的封建专制统治，挽救民族危亡，争取国家的独立、民主和富强。领导这次革命的是中国资产阶级的政党同盟会及其领袖孙中山。

1911年10月10日，武昌起义爆发。1912年，孙中山就任临时大总统，中华民国政府成立，颁布《中华民国临时约法》，这是近代中国第一部具有资产阶级共和国宪法性质的国家临时大法，具有反对封建专制制度的进步意义。

辛亥革命是中国近代历史上第一次伟大的资产阶级民主革命，它推翻了清王朝，结束了中国2000多年的封建君主专制制度，建立了资产阶级共和国，使人民获得一些民主和自由的权利。从此，民主共和观念深入人心；辛亥革命沉重打击了帝国主义的侵略势力，从此列强在中国再也找不到能控制中国的统治工具；辛亥革命为民族资本主义的发展创造了有利条件；辛亥革命对近代亚洲各国被压迫民族的解放运动，产生了比较广泛的影响，成为这一时期亚洲民族解放运动的重要组成部分和有力的推动力量。

# 危亡抗争中的中华民国

## （1912—1949）

### ● 中华民国

中华民国是从清朝灭亡至中华人民共和国建立前的国家名称和年号，简称民国，是中国历史上大动荡、大转变的时期。中华民国的创立不同于此前中国的君主王朝，它是经过资产阶级民主革命斗争而建立的共和国家。

1911年10月10日革命党人成功举行武昌起义，并在随后的两个多月带动中国各地的革命响应，清朝原有的22个行省独立17个省，并派出代表，推选刚刚返国的孙中山为中华民国临时大总统。1912年1月1日，孙中山宣誓就职，亚洲第一个民主共和国——中华民国正式成立。

### ● 孙中山

原名孙文，字德明，号逸仙，近代中国伟大的革命家、政治家、理论家，曾任中华民国第一任临时大总统、中国国民党总理、广州革命政府大元帅。孙中山是中国国民党创始人，三民主义的倡导者，首举反封建的旗帜，"起共和而终帝制"，组织革命政党，发动武装起义，领导了辛亥革命，推翻了中国历史上延续几千年的封建王朝专制统治，开创了中国民主革命风起云涌的历史新篇章。

### ● "五·四"运动

1919年5月4日，在北京爆发的中国人民彻底的反对帝国主义、封建主义的爱国运动。

北京政府和广州军政府联合组成中国代表团，以战胜国身份参加巴黎和会，提出取消列强在华的各项特权、取消日本帝国主义与袁世凯订立的"二十一条"不平等条约、归还山东各项权利等要求。巴黎和会不但拒绝中国的要求，而且在对德和约上，将德国在山东的特权，全部转让给日本，从而激起中国人民的强烈反对。5月4日，北京3所高校的3000多名学生代表冲破军警阻挠，打出"誓死夺回青岛""收回山东权利""拒绝在巴黎和会上签字""废除二十一条""抵制日货""外争主权，内除国贼"等口号，引发"火烧赵家楼"事件，随后遭军警镇压，代表32人被逮捕。各地学生团体和社会知名人士纷纷通电，抗议政府的这一暴行。面对强大压力，曹汝霖、陆宗舆、章宗祥相继被免职，总统徐世昌提出辞职。此后，工人相继复工，学生停止罢课，而中国代表没有在和约上签字。

"五·四"运动是新文化运动的继续和发展，是中国革命史上具有划时代意义的事件，中国工人阶级从此登上政治舞台，是中国旧民主主义革命的结束和新民主主义革命的开端。

## ● 新文化运动

北洋军阀统治时期，爆发的一场崇尚科学、反对封建迷信、猛烈抨击几千年封建思想的文化启蒙运动。

经过辛亥革命，先进的知识分子认识到，革命失败的根源在于国民脑中缺乏民主共和意识，必须从文化思想上冲击封建思想和封建意识，通过普及共和思想来实现真正的共和政体。因此，新文化运动的出现既是当时特定历史时期经济、政治、思想文化诸因素综合作用的产物，也是近代中国经历长期的物质、思想准备基础上的必然结果。

作为思想革命，新文化运动倡导民主和科学，反对专制和愚昧、迷信，提倡新道德，反对旧道德；作为文学革命，新文化运动倡导新文学，反对旧文学（前期的新文化运动实质是资产阶级的新文化反对封建旧文化的斗争，后期极力宣传马克思主义）。但是，运动的倡导者忽视人民群众，没有把新文化运动同广大群众相结合，使文化运动局限在知识分子的圈子里；也没有正面提出反帝的任务。

## ● 觉悟社

"五·四"运动中，由天津学生联合会和女界爱国同志会中的骨干周恩来、马骏、郭隆真、刘清扬、邓颖超等20余名青年组织起来的革命团体。他们学习和传播马克思主义，团结爱国力量，开展反封建、反帝国主义侵略、改造社会、挽救祖国的革命斗争活动。

## ● 黄埔军校

1924年，孙中山在广州亲手创办了黄埔军校。建校时的正式名称为"中国国民党陆军军官学校"，因其校址设在广州东南的黄埔岛，史称黄埔军校。黄埔军校建立的目的是为国民革命军训练军官，其学员成为国民政府北伐、统一中国的主要军力。1946年，中国国民党名义上移交军队于国家后，改称"中华民国陆军军官学校"。

黄埔军校是孙中山在中国共产党和苏联的积极支持、帮助下创办的，是第一次国共合作的产物。作为中国现代历史上第一所培养革命干部的新型军事政治学校，其影响之深远，作用之巨大，名声之显赫，都是前所未有的。

## ● 国民革命军

简称"国军"，由中国国民党在1925年效仿苏联共产党"以党建校，以校领军"的模式，并参考其军事制度后创设。早期国民革命军内部的将领和军官由黄埔军校培养训练，军队亦效忠国民党，历经北伐、东征、抗战、内战等重大战事。

## ● 北伐战争

又称第一次国内革命战争，是1924—1927年，中国人民在中国共产党和中国国民党合作领导下进行的反帝反封建的革命斗争。在帝国主义的指使下，各派军阀之间混战不休，激起了人民的强烈反对。1926年2月，中国共产党向全国人民明确提出了出兵北伐推翻军阀统治的政治主张。北伐战争打击的对象是占据中国广大地区、受帝国主义支持的北洋军阀吴佩孚、张作霖和孙传芳。

1926年7月6日，国民革命军总司令部在广州成立。7月9日，国民革命军的8个军约10万人，兵分3路，从广东正式出师北伐。各军军长为：1军何应钦，2军谭延闿，3军朱培德，4军李济深，5军李福林，6军程潜，7军李宗仁，8军唐生智。共产党直接领导的叶挺独立团在湖南和湖北战场一些关键性的战役，如汀泗桥、贺胜桥和武昌战役中英勇搏杀，因此，独立团所在的国民革命军第4军被誉为"铁军"。

北伐军在不到9个月的时间里，打垮了吴佩孚，消灭了孙传芳主力，进占到长江流域和黄河流域部分地区，沉重地打击了帝国主义和封建军阀的反动统治，有力地推动了全国革命形势的发展。

## ● 南昌起义

又称八一起义。1927年3月，国民党在武汉的汪精卫和南京的蒋介石不合作，所谓"宁汉分裂"。江西南昌在武汉和南京之间，由于共产党的影响不断扩大，从4月起，南京等地的国民党开始大量逮捕和处决共产党人，武汉的国民党在7月亦决定"清党"。1927年8月1日，中国共产党针对国民党的反共政策，由周恩来、谭平山、叶挺、朱德、刘伯承等共产党员和贺龙（贺龙在起义后加入中国共产党），在江西省南昌市举行武装起义，揭开了中国共产党独立领导革命武装斗争的序幕，打响了武装反抗国民党反动统治的第一枪，从此诞生了一支由共产党独立领导的崭新的人民军队。

## ● 秋收起义

1927年9月9日，毛泽东在湖南东部和江西西部领导的工农革命军（红军）举行的一次武装起义，是继南昌起义之后，中国共产党领导的又一次著名的武装起义，是中国共产党党史上的三大起义之一（另一个为广州起义）。

1927年8月7日，中共中央在汉口召开八七会议，纠正了陈独秀的右倾投降主义路线，确定了武装反抗国民党反动派屠杀政策和开展土地革命的总方针。会议决定，派毛泽东去湖南领导秋收起义。9月9日，湘赣边界秋收起义爆发。由于当时革命形势已处于低潮，敌强我弱，加上群众缺乏作战经验，致使起义军受到严重挫折。为保存革命力量，起义军在罗霄山脉中段，即井冈山地区，创建了中国第一个农村革命根据地。

## ● 井冈山革命根据地

1927年10月，毛泽东率领秋收起义的部队到达江西罗霄山脉中段的井冈山，先后在宁冈、永新、茶陵、遂川等县恢复和建立了党组织，发展武装力量，开展游击战争，领导农民打土豪分田地，建立红色政权，实行工农武装割据，创立了党领导下的第一个农村革命根据地。1928年4月底，朱德、陈毅率领南昌起义保存下来的部队和湘南农军到达井冈山，和毛泽东领导的工农革命军会师。会师后，成立了中国工农红军第四军，毛泽东任党代表，朱德任军长。1928年10月，毛泽东在宁冈茅坪主持召开了湘赣边界党的第二次代表大会，分析了中国红色政权发生和存在的原因。12月，彭德怀、滕代远率领红五军主力来到井冈山，与红四军会师。此后，红军粉碎了敌人的多次"进剿"，根据地不断扩大。井冈山革命根据地的建立，点燃了"工农武装割据"的星星之火，为中国革命的中心工作完成从城市到农村的伟大战略转移，走上农村包围城市，最后夺取城市，开辟了新的道路。

## ● 中国工农红军

简称红军，是中国土地革命战争时期，中国共产党领导的人民军队，中国人民解放军的前身。

1928年5月25日，中国共产党中央委员会决定，全国各地工农革命军正式定名为红军。1930年后，又逐渐改称中国工农红军。在国共内战时期，中国工农红军不断发展壮大，先后组成了第一方面军（中央红军）、第四方面军、第二方面军和西北红军等部队，建立了中央革命根据地和湘鄂西、鄂豫皖、琼崖、闽浙赣、湘鄂赣、湘赣、左右江、川陕、陕甘、湘鄂川黔等革命根据地，连续粉碎了国民党军多次"围剿"和"清剿"。由于王明"左"倾错误，中央红军未能打破国民党军的第五次"围剿"，被迫于1934年10月撤离中央革命根据地，进行长征。长征中，红军粉碎了国民党军的围追堵截，战胜了无数艰难险阻，于1935年9月、10月和1936年10月先后到达陕甘革命根据地和甘肃南部地区。

## ● "九·一八"事变

1931年9月18日，日本关东军在中国东北炸毁沈阳柳条屯一段铁路，反诬中国军队破坏，以此为借口，炮轰中国东北军北大营，是由日本蓄意制造并企图以此来侵略中国的一次军事冲突和政治事件。根据冲突爆发的日期，史称"九·一八"事变。

"九·一八"事变是日本帝国主义长期以来推行对华侵略扩张政策的必然结果。此后，中日民族矛盾逐步上升到主要地位，中国国内的阶级关系发生重大变化。这场侵略战争给中国人民带来了空前的灾难和损失。在中国共产党的号召下，中国人民掀起了抗日救亡运动。

## ● 伪满洲国

"九·一八"事变后，日本侵略者于1932年利用前清末代皇帝爱新觉罗·溥仪为伪满洲国的国家元首，在东北建立的一个傀儡政权，以新京（今长春）为首都，年号大同，后改康德。通过这一傀儡政权，日本在中国东北实行了 14 年之久的殖民统治，使东北同胞饱受了亡国奴的痛苦。此傀儡政权"领土"包括辽宁、吉林和黑龙江三省全境，内蒙古东部及河北北部。当时，中国南京国民政府从未承认这一分裂中国领土的傀儡政权，国际联盟也主张中国东北地区仍是中国的一部分。

### ● 东北抗日义勇军

"九·一八"事变后，东北军民为抵抗日本侵略而成立的爱国武装。驻华日军发动强占中国东北的侵略战争，南京国民政府采取不抵抗政策。在这民族危亡的危急时刻，中国共产党发出在东北发动民众武装反日、收复失地的号召，并派出一批共产党员和共青团员到各地开展抗日武装斗争，东北各阶层人民和爱国官兵纷纷组织"义勇军""救国军""自卫军"等各种名称的抗日武装，奋起抵抗。这些抗日武装被统称为东北抗日义勇军。

东北抗日义勇军坚持抗日斗争 10 年，战斗 2 万余次，毙伤俘日军 5 万余人、伪军 6 万余人，给日伪军以沉重打击；为建立东北抗日武装统一战线和创建东北抗日联军提供了条件和经验；推动了东北抗日斗争的发展，对中国抗日战争的胜利做出了重要贡献。

### ● 东北抗日联军

是在中国共产党领导下的一支英雄部队，前身是东北抗日义勇军余部、东北反日游击队和东北人民革命军。

东北抗日联军第 1 路军于 1936 年 7 月组成，下辖东北抗日联军第 1、2 军，杨靖宇任总司令；第 2 路军于 1937 年 10 月组成，下辖东北抗日联军第 4、5、7、8、10 军，以及救世军、义勇军，周保中任总指挥；第 3 路军于 1939 年 5 月组成，下辖东北抗日联军第 3、6、9、11 军，张寿篯（李兆麟）任总指挥。

1936—1937 年，是东北抗日联军迅速发展时期；1938 年 1 月—1939 年 10 月，是其在极其艰苦的环境下继续坚持抗日游击战争的时期；1939 年 10 月—1941 年底，是其陷入重重包围的极端困苦时期。1940 年 11 月—1941 年 12 月，因抗联部队损失严重，抗联相继到苏联境内休整，只留少数部队进行游击活动。1942 年，东北抗日联军在苏联正式组成东北抗日联军教导旅，成立统一的中共东北党组织特别支部局执行委员会。1945年，在苏军配合下，建立巩固的东北根据地。1946年，又改称为东北民主联军。至此，东北抗日联军胜利地完成了它的历史使命，进入新的历史时期。

东北抗日联军以近4万人的军队牵制了近40万的日伪正规军。他们14年的艰苦斗争有力地支援了全国的抗日战争，是20世纪30、40年代，中国人民抵抗日本帝国主义侵略的伟大民族解放战争的重要组成部分，在中国的革命史上有不可磨灭的伟大功绩。

## ● "一·二八"事变

1932年1月，5名日本僧人在毗邻上海公共租界向工人义勇军挑衅，事后日驻沪总领事向上海市政府提出惩凶、道歉、赔偿和取缔抗日运动4项无理要求。1月28日，日军海军陆战队在坦克掩护下，占领淞沪铁路防线，遭到中国驻军19路军的坚决抵抗，"一·二八"事变爆发。2月初，战事扩大，日军投入兵力超过3个师团7万人，并兼以海空军、战车助战。中国方面，中央军在国民支持下，在江湾一带抵抗日军进攻，由于腹背受敌，全线后撤。5月5日，中日在英、美、法、意各国调停之下签署《淞沪停战协定》。

## ● 遵义会议

1935年1月15—17日，中共中央政治局在贵州遵义召开的独立解决中国革命问题的一次极其重要的扩大会议。这次会议是在红军第5次反"围剿"失败和长征初期严重受挫的情况下，为了纠正王明"左"倾错误，挽救红军和中国革命而召开的。

遵义会议集中解决了当时具有决定意义的军事和组织问题，肯定了毛泽东的军事战略主张，以毛泽东为核心的党中央领导开始确立，标志中国共产党在政治上走向成熟。这是党生死攸关的历史转折点，中国革命从此打开新局面。

## ● 二万五千里长征

中国工农红军主力从长江以南各革命根据地向陕甘革命根据地会合的战略转移。1934年10月，中央红军主力离开中央革命根据地开始长征。1935年11月，湘鄂西革命根据地的红二、六军团也开始长征。

1936年6月，第二、六军团组成第二方面军。同年10月，红军第一、二、四方面军在甘肃会宁胜利会合，长征胜利结束。

长征是人类历史的奇迹。在整整2年的时间里面，红军辗转14个省，突破几十万敌军的包围封锁，保存和锻炼了革命的基干力量，将中国革命的大本营转移到了西北，为开展抗日战争和发展中国革命事业创造了条件。

## ● "一二·九"运动

1935年12月9日，北平（北京）大中学生数千人在中国共产党的领导下举行了抗日救国示威游行，反对华北自治，打倒日本帝国主义，掀起全国抗日救国新高潮，史称"一二·九"运动。这是中国共产党领导的一次大规模学生爱国运动。

"一二·九"运动揭露了日本帝国主义侵略中国，吞并华北的阴谋，打击了国民党政府的妥协投降政策，大大促进了中国人民的觉醒，形成了全国人民抗日民主运动的新高潮，推动了抗日民族统一战线的建立。

## ● 西安事变

又称双十二事变，是当时西北剿匪副总司令、东北军统帅张学良和当时国民革命军第17路军总指挥、西北军将领杨虎城，于1936年12月12日，在西安发动的军事监禁事件。事变中扣留了国民政府军事委员会委员长和西北剿匪总司令蒋介石，目的是"停止剿共，改组政府，出兵抗日"。西安事变最终使蒋介石支持"停止剿共、一致抗日"的主张，促成了国共第二次合作，建立了抗日统一战线，极大地鼓舞了中国人民的抗日热情。

## ● "七·七"事变

又称卢沟桥事变，是日本帝国主义为占领中国，发动的蓄谋已久的全面侵华战争。1937年7月7日夜，日军在未通知中国地方当局的情况下，径自在中国驻军阵地附近举行所谓军事演习，并诡称有一名日军士兵失踪，要求进入北平西南的宛平县城（今卢沟桥镇）搜查。中国守军拒绝了这一无理的要求，日军遂开始进攻。中国守军第29军37师219团奋起还击，掀开了全民族抗日的序幕。双方在卢沟桥激战，日本派大批援军向天津、北京疯狂进攻。29军副军长佟麟阁、132师师长赵登禹，先后为国捐躯，平津沦陷。"七·七"事变是中国全面抗战的开始，中国在东方开辟了第一个大规模的反法西斯战场。

### ● "八·一三"事变

日本帝国主义为扩大侵华战争，在中国上海制造的事变，即第二次上海事变。1937 年 8 月 9 日，驻上海日本海军陆战队中尉率士兵驾军用汽车强行冲击虹桥中国军用机场，被中国守军击毙。事件发生后，日军向上海增派军队。8 月 13 日，日军以租界和停泊在黄浦江中的日舰为基地，对上海发动了大规模进攻。上海中国驻军奋起抵抗，在上海和全国人民的支持下，开始了历时 3 个月之久的淞沪会战。

"八·一三"事变后，根据国共两党协议，国民党公布了中共中央提交的国共合作宣言。

国际上，国民政府取得国际社会的同情与援助，在实行武装抵抗的同时，不断呼吁世界各国制止日本的侵略行径，但试图通过外交途径寻求战争结束的和平愿望是无法实现的。

### ● 淞沪会战

1937 年 8 月 13 日—11 月 12 日，中国军队抗击侵华日军进攻上海的战役，又称"八·一三"淞沪战役。这场战役是中国抗日战争中的第一场重要战役，也是整个抗日战争中进行的规模最大、战斗最惨烈的一场战役。淞沪会战，改变了中日决战的事前安排，以及事后的战争发展方向。这场战役标志抗日战争全面抗战的真正开始。

### ● 八路军

全称国民革命军第八路军，是中国人民解放军的前身之一。1937 年 8 月 22 日，国共两党达成协议，由原西北主力红军，即中国共产党领导的中国工农红军一、二、四方面军改编而成国民革命第八路军，朱德、彭德怀任正、副总指挥，下辖一一五师、一二〇师、一二九师。同年 9 月，改称国民革命军第十八集团军。改名后，除国民政府军委会正式命令称第十八集团军外，传统习惯上一律称八路军。

### ● 新四军

全称国民革命军陆军新编第四军，简称"N4A"，即英语

"New4thArmy" 的首字母缩写。1937年，国共两党达成协议，将湘、赣、闽、粤、浙、鄂、豫、皖八省边界地区（不包括海南岛）的中国工农红军游击队和红军二十八军改编为国民革命军陆军新编第四军，叶挺、项英为正、负军长，下辖第一、第二、第三、第四支队。解放战争时期，新四军与八路军、东北抗日联军等一起改称为中国人民解放军。

## ● 平型关大捷

八路军出师华北挺进山西之际，日军企图南下进攻太原，夺取山西腹地，并从右翼配合华北方面军在平汉路的作战。中国第二战区制订了沿长城各隘阻击日军的作战计划，决定在平型关方面，集合重兵歼灭来犯之敌，并请求八路军配合侧击日军。为了保卫山西，八路军一一五师成功进行了平型关伏击战，取得首战大捷。此战，共击毙日军1000余人，击毁汽车100余辆、马车200余辆，缴获步枪1000余支、机枪20余挺、火炮1门，以及大批军用物资。平型关大捷是八路军出师华北抗日战场后首战大捷，同时也是全国抗战爆发以来中国军队的第一个大胜利，有力打击了日军的疯狂气焰，打破了日军不可战胜的神话，从而极大地振奋了全国的民心、士气。

## ● 南京大屠杀

1937年12月13日，日本侵略者在南京及附近地区进行长达数月的大规模屠杀。日军战争罪行包括抢掠、强奸、对大量平民及战俘进行屠杀等。屠杀的规模、死伤人数超过30万。

## ● 台儿庄战役

台儿庄位于枣庄南部，地处徐州东北30公里的大运河北岸，北连津浦路，南接陇海线，扼守运河咽喉，是徐州的门户。1938年3月20日，日军第10师团由北自南展开进攻，第5师团由东北方向配合作战，向台儿庄突进。李宗仁命第2集团军固守台儿庄，第20军团让开津浦铁路正面，诱敌深入，待机破敌。战役在台儿庄外围战、北门争夺战、惨烈的巷战、台儿庄反击战后，历经月余，毙伤日军11984人，俘虏719人，缴获大炮31门，装甲汽车11辆，大小战车8辆，轻重机枪1000余挺，步枪10000余支。此役，沉重打击了日本侵略者的嚣张气焰，极大鼓舞了全国军民坚持抗战的必胜信心，提高了中国在国际上的地位，并为争取外援提供了有利条件。

## ● 百团大战

自1939年冬以来，日军以铁路、公路为支柱，对抗日根据地进行频繁扫荡，并企图割断太行、晋察冀等战略区的联系，推行所谓"以铁路为柱，公路为链，碉堡为锁"的"囚笼政策"。八路军总部决定破袭华北日军交通线，发动一次进攻战役。因参战部队已达105个团共20余万兵力，故称百团大战。百团大战经历了两个主动进攻阶段和一个反扫荡阶段：第1阶段，八路军在正太、同蒲、平汉、津浦等主要交通线发动总攻击，重点破坏了正太铁路；第2阶段，任务是继续扩大战果，摧毁交通线两侧和深入各抗日根据地的敌伪据点；第3阶段，主要任务是反击日伪军的报复扫荡。

百团大战共进行大小战斗1800余次，攻克据点2900余个，歼灭日伪军45000余人，是抗日战争中八路军在华北地区发动的一次规模最大、持续时间最长的带战略性的进攻战役。

## ● 陈纳德与飞虎队

克莱尔·李·陈纳德，美国援华空军飞虎队队长、中国空军美国志愿大队指挥官。1937—1945年期间，与中国人民共同抵抗日本入侵。飞虎队，全称为中国空军美国志愿援华航空队，其插翅飞虎队徽和鲨鱼头形战机机首家喻户晓。抗战期间，日军控制了中国的港口和运输系统，几乎使国民党政府与外界隔绝。飞虎队不断战胜规模大、装备好的日本空军，他们空运给养、在缅甸公路提供空中掩护、在中国的绝大部分领空与日机作战。1942年，飞虎队被编入美国第10航空队；1943年，陈纳德被改编到第14航空队。从此，飞虎队通过"驼峰航线，共向中国战场运送80万吨急需物资，33477名人员，成为美国驻华空军特遣队的骨干力量。至抗日战争结束，第14航空队共击落2600架日机，击沉或重创223万吨敌商船、44艘军舰、13000艘100吨以下的内河船只，击毙日军官兵66700人。

## ● 中国远征军

抗日战争时期，中华民国政府为支援英军在缅甸抗击日本法西斯、保卫中国西南大后方而派遣的出国作战部队，是中国与盟国直接进行军事合作的典范，也是甲午战争以来中国军队首次出国作战，立下了赫赫战功，其重大历史贡献在于打通了当时中国战场唯一的国际补给线——滇缅公路和中印公路。

缅甸战场既是中国和太平洋两大抗日主战场的战略结合部，又是东南亚战场的主要作战地区。中国军队曾两次进入缅甸，展开对日作战，不仅有力地支援了盟军在中、印、缅战场的对日作战，打通了中国西南国际运输线，提高了中国正面战场的战争能量，加速了日本法西斯的崩溃，而且打击了日军的嚣张气焰。

## ● 日本投降

1945年7月26日，美、英、中三国共同发表波茨坦公告，敦促日本无条件投降，否则将予以日本"最后之打击"。1945年8月6日，为避免大量伤亡的登陆战以及先行苏联一步拿下日本本土，美军在日本广岛投下第一枚原子弹，3天后又在长崎投下第二枚原子弹。苏联红军根据《雅尔达密约》，随即在8月8日对日宣战，并于次日出兵中国东北。同时，共产党由毛泽东发表《对日寇最后一战》，将原本分散的抗日根据地——连通。国民党也在美军空运、海运帮助下，迅速占领各大城市。

1945年8月15日，日本裕仁天皇通过广播发表《终战诏书》，宣布无条件投降。9月2日，日本外相重光葵在美国军舰密苏里号上正式签署投降书。9月9日，侵华日军总司令冈村宁次在南京向中华民国政府陆军总司令何应钦呈交投降书。抗日战争及第二次世界大战至此正式结束。

## ● 重庆谈判与《双十协定》

1945年抗日战争胜利后，为避免内战、争取和平，中共中央派毛泽东、周恩来、王若飞为代表，赴重庆与国民党谈判。在美国驻华大使赫尔利、国民党政府代表张治中的陪同下，从延安乘专机赴重庆，同国民党政府进行了为期43天的和平谈判，史称重庆谈判。1945年8月29日—10月10日，国共双方签订了《政府与中共代表会谈纪要》，即《双十协定》。《双十协定》是重庆谈判的主要成果，但重庆谈判结束后不久，内战全面爆发。

## ● 辽沈战役

1948年9月12日—11月2日，中国人民解放军东北野战军在辽宁西部和沈阳、长春地区对国民党军进行的战略性决战，是中国人民解放战争中具有决定意义的三大战役之一。

辽沈战役共分3个阶段：第1阶段，夺取锦州，封闭东北国民党军；第2阶段，辽西会战，歼灭廖耀湘兵团；第3阶段，攻占沈阳。辽沈战役历时52天，共歼灭国民党军47万余人，东北全境获得解放。这一胜利使人民解放军获得巩固的战略后方和强大的战略预备队，从根本上改变了国共双方总兵力的对比，对加速解放战争的进程具有重大意义。

## ● 淮海战役

解放战争时期，1948年11月6日—1949年1月10日，中国人民解放军华东、中原野战军在以徐州为中心，东起海州，西至商丘，北起临城（今枣庄市薛城），南达淮河的广大地区，对国民党军进行的第二个战略性进攻战役。淮海战役也是三大战役中解放军牺牲最重，歼敌数量最多，政治影响最大、战争样式最复杂的战役。

淮海战役共分3个阶段：第1阶段：1948年11月6日，华东野战军分路南下；第2阶段：1948年11月23日，中原野战军在宿县西南的双堆集地区，包围了从华中赶来增援的黄维兵团12个师；第3阶段：1949年1月6日至10日，华东野战军对被包围的杜聿明集团发起总攻。

这次战役，我军参战部队60万人，敌军先后出动兵力80万人，历时65天，共歼敌55.5万余人，使蒋介石在南线战场上的精锐部队被消灭干净，基本上解放了长江以北的华东和中原广大地区，使国民党反动统治中心南京，处于人民解放军的剑锋之下。

## ● 平津战役

解放战争时期，1948年11月29日—1949年1月31日，中国人民解放军东北野战军和华北军区第2、第3兵团及地方武装一部在北平（今北京）、天津、张家口地区，对国民党军进行的战略性决战，是中国人民解放战争中具有决定意义的三大战役之一。

平津战役共分3个阶段：第1阶段，人民解放军完成对傅作义集团的分割包围，切断其南撤西逃之道路；第2阶段，人民解放军逐次歼灭新保安、张家口、天津国民党军；第3阶段，傅作义率部接受改编，北平和平解放。

平津战役历时64天，人民解放军以伤亡3.9万人的代价，取得了歼灭和改编国民党军1个"剿匪总司令部"、1个警备司令部、3个兵团部、13个军部、50个整师及非正规军4个师，共52万余人的巨大胜利，基本上解放了京津地区，使古都的文物完整保存下来。平津战役的胜利，连同辽沈战役和淮海战役的胜利，使国民党军的精锐师团丧失殆尽。从此，中国人民革命战争在全国胜利的局面已经基本确定。

## ● 人民解放军解放南京

1949年4月21日，由于国民党反动派拒绝在和平协定上签字，毛泽东主席和朱德总司令遂发出《向全国进军的命令》，号令中国人民解放军坚决、彻底、全部地歼灭中国境内一切抵抗的国民党反动派，解放全中国。中国人民解放军百万大军在西起江西湖口、东至江苏江阴的1000余里的战线上分三路强行渡江。4月23日，人民解放军攻占总统府，胜利解放南京，从此揭开了中国历史新的一页。

# 盛世华章下的中华人民共和国

## （1949—今）

### ● 开国大典

1949年10月1日，在首都北京天安门广场举行了开国大典，中央人民政府主席毛泽东庄严宣布中华人民共和国成立，并亲自升起了第一面五星红旗。聚集在天安门广场的30万军民进行了盛大的阅兵和庆祝游行。新中国的建立，实现了中华民族的独立和解放，开创了中国历史的新纪元。

中国人民在中国共产党的领导下，前赴后继，取得了人民革命的伟大胜利。1949年12月2日，中央人民政府委员会举行第四次会议，通过了《关于中华人民共和国国庆日的决议》，并宣告：自1950年起，以每年的10月1日，为中华人民共和国的国庆日。

### ● 第一届全国人民代表大会

1954年9月15日，第一届全国人民代表大会第一次会议在北京隆重开幕。中央人民政府主席毛泽东主持了开幕式，并致开幕词。他指出："这次会议是标志着我国人民从1949年建国以来的新胜利和新发展的里程碑。"刘少奇作了《关于中华人民共和国宪法草案的报告》，周恩来作了《政府工作报告》。大会选举毛泽东为中华人民共和国主席，朱德为副主席，选举刘少奇为全国人民代表大会常务委员会委员长。大会根据毛泽东主席的提名，任命周恩来为中华人民共和国国务院总理。

### ● 第一个五年计划

为了有计划地进行社会主义建设，中国政府编制了发展国民经济的第一个五年计划。它的基本任务是：集中所有力量发展重工业，建立国家工业化和国防现代化的初步基础；相应地发展交通运输业，轻工业，农业和商业；相应地培养建设人才。第一个五年计划从1953年开始执行，成为中国工业化的起点。

194

## ● 中国共产党第八次全国代表大会

1956年9月15日—27日，在北京举行。大会通过了第二个五年计划的建议和新党章。规定了党和全国人民当前的主要任务是：集中力量发展社会生产力，实现国家工业化，逐步满足人民日益增长的物质和文化需要。强调要坚持民主集中制和集体领导制度，加强党和群众的联系。这次大会为新时期的社会主义事业的发展和党的建设指明了方向。

## ● 两弹一星

中国的两弹一星，是20世纪下半叶中华民族创建的辉煌伟业。1964年10月16日，中国第一颗原子弹爆炸成功；1967年6月17日，中国第一颗氢弹空爆试验成功；1970年4月24日，中国第一颗人造卫星发射成功。这是中国人民在攀登现代科学高峰征途中创造的奇迹。

## ● 十一届三中全会

中国共产党第十一届中央委员会第三次全体会议，简称党的十一届三中全会。1978年12月18日至22日，中国共产党第十一届中央委员会第三次全体会议在北京举行。全会的中心议题是讨论把全党的工作重点转移到社会主义现代化建设上来。全会批评了"两个凡是"的方针，高度评价了关于真理标准问题的讨论；停止使用"以阶级斗争为纲"这个口号，否定了中共十一大沿袭的"文化大革命"中的"无产阶级专政下继续革命"，以及"文化大革命"今后还要进行多次的观点。

党的十一届三中全会标志着：中国从此进入了改革开放和社会主义现代化建设的历史新时期，中国共产党从此开始了建设中国特色社会主义的新探索。

## ● 改革开放

是邓小平理论的重要组成部分，中国社会主义建设的一项根本方针。改革，包括经济体制改革，即把高度集中的计划经济体制改革成为社会主义市场经济体制；政治体制改革，包括发展民主，加强法制，实现政企分开、精简机构，完善民主监督制度，维护安定团结。开放，主要指对外开放，在广泛意义上还包括对内开放。改革开放是中国共产党在社会主义初级阶段基本路线的基本点之一，是我国走向富强的必经之路。对中国的经济发展有着巨大影响。改革开放的实质是，解放和发展社会生产力，进行社会主义现代化建设。

## ● 中国首次举办亚运会

亚洲运动会，简称亚运会，是亚洲地区的综合性运动竞赛会。1990年9月22日—1990年10月7日的第11届亚运会，是中国在自己的土地上举办的第一次综合性的国际体育大赛，也是亚运会诞生以来的40年间，第一次由中国承办的亚洲运动会。来自亚奥理事会成员的37个国家和地区的体育代表团的6578人参加了这届亚运会。代表团数和运动员数都超过了前10届。中国运动员获得全部金牌的3/5，总体水平在亚洲占有较大优势。

## ● 香港回归祖国

1982年，英国首相撒切尔夫人访华，邓小平就香港前途问题与她进行会谈。邓小平提出，关于收回香港主权问题，可以用"一个国家，两种制度"的方案解决。他强调："关于主权问题，中国在这个问题上没有回转余地。应该明确规定，1997年中国将收回香港。"双方最后同意，通过外交途径商谈解决香港问题。

1997年7月1日零时，中华人民共和国国旗和香港特别行政区区旗在香港升起，经历了百年沧桑的香港回到祖国的怀抱，中国政府开始对香港恢复行使主权。

## ● 澳门回归祖国

1986年5月20日，中国与葡萄牙政府正式发布新闻公报，宣布6月30日在北京展开澳门问题的谈判，解决澳门问题。中国代表团在欢迎词中指出："中葡两国就澳门问题的谈判，将是伙伴之间的关系，而不是对手之间的关系。"自此，中葡两国正式就澳门问题举行会谈，《中葡联合声明》正式生效。

1999年12月20日，中国人民解放军驻澳门部队准时通过澳门关口进驻澳门。澳门政权移交是澳门的历史大事，标志着澳门回归中国。

## ● 中国加入世贸组织

1995年7月11日，世贸组织总理事会会议决定，接纳中国为该组织的观察员。中国自1986年申请重返关贸总协定以来，为复关和加入世界贸易组织已进行了长达15年的努力。2001年12月11日，中国正式加入世界贸易组织，成为第143个成员。

中国加入世界贸易组织，有利于中国参与国际经济合作和国际分工；有利于扩大出口和利用外资，并在平等条件下参与国际竞争；有利于促进技术进步、产业升级和经济结构调整，进一步完善社会主义市场经济体制；有利于改革开放、社会主义市场经济的发展和人民生活水平的提高；有利于促进世界经济的增长；也有利于直接参与21世纪国际贸易规则的决策过程，摆脱他人制定规则而中国被动接受的不利状况，从而维护合法权益。

## ● 北京成功举办奥运会

1999年9月6日，北京2008年奥运会申办委员会在京成立。2000年5月8日，时任国务院总理的朱镕基明确表示，中国政府对北京申办2008年奥运会十分重视、全力支持，并将从各个方面为申办工作创造良好条件。2000年6月20日，北京奥申委秘书长王伟在瑞士洛桑向国际奥委会正式递交申请报告。2001年7月13日，北京在莫斯科举行的国际奥委会第112次全会上，国际奥委会投票选定北京获得2008年奥运会主办权。

第29届奥林匹克运动会于2008年8月8日至24日在中国首都北京举行。此次奥运设置了三大理念：绿色奥运、科技奥运、人文奥运。举行了28个大项、38个分项的比赛，产生302枚金牌（其中中国获得51枚）。口号是，"同一个世界，同一个梦想"。

## ● 中国首次实现太空漫步

神舟七号载人航天飞船，于2008年9月25日21点从中国酒泉卫星发射中心载人航天发射场用长征二号F火箭发射升空。飞船于2008年9月28日17点37分成功着陆于中国内蒙古四子王旗主着陆场。神舟七号飞船共计飞行2天20小时27分钟。

神舟七号载人飞船的主要目的是，实施中国航天员首次空间出舱活动，突破和掌握出舱活动相关技术，同时开展卫星伴飞、卫星数据中继等空间科学和技术试验。16时35分，在刘伯明、景海鹏的帮助下，航天员翟志刚打开舱门，出舱活动。翟志刚首先探出头，并向舱外默认的闭路镜头挥手，之后身着国产"飞天"舱外航天服走出舱外，回收在舱外装载的试验样品装置。从神舟七号开始，中国进入载人航天二期工程。

## ● 甲子华章——新中国成立60周年

60年沧桑巨变，中国共产党坚定不移地引领当代中国的进步潮流，实现了从半殖民地、半封建社会到民族独立、人民当家做主之新社会的历史转变，从新民主主义革命到社会主义革命和建设的历史性跨越，从高度集中的计划经济体制到充满活力的社会主义市场经济体制、从封闭半封闭到全方位开放的历史性飞跃。

60年光辉历程，是根本改变中华民族命运、深刻影响人类历史进程的伟大变革。社会主义中国在广泛而深刻的变革中，探寻出一条生机勃勃的现代化道路。60年光辉历程，凝聚成宝贵的历史经验，启示中华民族走向复兴的光明未来。